25

靈・鷲・山・誌
宗統法脈卷

ဦးကုသလ၏ မှတ်တမ်း

第二宏嚴○上○陀金剛

重興丹霞山別傳寺第一代本煥妙大師
公元二○○七年陰曆九月十三日法眷

正法久住

南無本師釋迦牟尼佛
天竺第一祖摩訶迦葉尊者
第二祖阿難尊者
第三祖商那和修尊者
第四祖優婆毱多尊者
第五祖提多迦尊者
第六祖彌遮迦尊者
第七祖婆須蜜尊者
第八祖佛陀難提尊者
第九祖伏馱蜜多尊者
第十祖脇尊者

總序

開山和尚──心道法師

彷佛初上靈山，轉瞬間已經是廿五個年頭了！感恩釋迦佛創立佛教，為世間留下了遠離輪迴痛苦的妙法以及開啟自在解脫的法門，也感恩諸佛菩薩、龍天護法與法界眾生的護持，靈鷲山才能成為像今天這樣利益眾生的教團、也才能成就與圓滿釋迦佛的度生志業。

當初為了修行，我常往來於宜蘭台北之間，總想在這兩個城市中擇選一處，來興建道場、弘法利生，繁榮地方。由於這個本願，相應了日後在福隆卯鯉山（今之靈鷲山）斷食閉關的因緣。在開山過程當中我們碰到大大小小的困難，也因為這些逆緣，結識了來自各方的善緣，讓我們能夠圓滿的解決各種危機，奠定了日後靈鷲山發展的基礎。

出關後，我一直想辦佛法教育，想讓所有人有更多的機會來體會佛法的切身好處。隨著時代的變遷與生命的歷練，我感覺到作為一個大乘的菩薩行者，在弘法的時候，也應該面對資訊化、全球化所帶來的時代問題；因此我選擇了不同於教界普遍推行的志業，在與第一批十二名出家弟子共同努力下，開始篳路藍縷的一步一腳印，開創靈鷲山這片佛土基業，也完成了世界宗教博物館的建立。

開山這廿五年來，我所做的就是一直鼓勵大眾來學佛，從幫忙解決個人問題、家庭生活的煩惱，到各種困擾人心的疑惑，接引他們皈依三寶；參加法會、禪修等，先使他們對佛法產生信心，然後勸他們發菩提心，讓大眾在感受到佛菩薩的慈悲與願力的同時，能發心救度一切眾生的苦難，進而跟我一起投入利益眾生的志業；然後再從具體實踐的過程中感受到自身能力或願力的不足，進一步自覺的想要深入佛法，這樣，教育

志業就自然推動開來。無論是蓋博物館或是建設華嚴聖山，我都希望弟子們發菩提心、行菩薩道，自利利他、自覺覺他。

時代在變，為了佛法的傳承，我們大乘佛教處在當前這個快速演變的世界，需要有更宏觀的眼界和做法。看看當今的法脈流傳，密乘在國際間蓬勃發展，南傳禪修的完備體系也走出森林、跨入世界而開枝散葉，顯示出佛教的全球性弘化因緣已然具足。我們希望佛教能與其他世界性宗教平起平坐，在全球化浪潮中持續發展，利益眾生。因此佛教教育要能融通三乘，破除彼此之間的隔閡，吸收彼此的優點，呈現出三乘合一的現代佛教風貌。不僅如此，我們更希望現代佛教還要能與世界其他宗教互動、互濟，相互理解、相互對話，共同為全球的和平奉獻心力。這也正是我們靈鷲山佛教教團和世界宗教博物館所肩負的時代使命。

世界宗教博物館從二○○一年開館到現在，已成為各宗教間對話的平台，致力於增進彼此的了解與寬容。「對話」甚至成為和平近程的必要條件，我們不只舉辦一系列的回佛對談，也透過宗教對話與合作，積極回應全球性的議題、共同解決眾生的苦難。

回顧過去的種種，更讓我們對未來的方向更加充滿信心與願力。靈鷲山想在接下來的第二個廿五年繼續弘法利生的志業，勢必要更加重視教育體系的推廣以及弘化人才的養成。如何形成一個兼具著三乘經教與禪修實踐的完整教育體系，是我們要積極努力的目標，這部分包含我對「三乘佛學院」和「世界宗教大學」的願景與期待。而近年來，我們積極建設華嚴聖山，是為了將佛法教育以生活結合修行的方式呈現出來，讓一

般大眾於含攝於空間的神聖性當中，體驗到清涼佛法的無所不在，這也是我們對弘法人才養成的具體實踐。

靈鷲山無生道場，一面背山、三面環海，日出日落盡收眼底， 在這片洞天福地中，也更能讓人領略因緣聚散、朝露夕霧的遞嬗。廿五載歲月走來，雖難免陰晴圓缺的世情歷練，但是我希望靈鷲山這個團體，能夠繼續作為一個教化眾生的平台，讓每一個跟靈鷲山結緣的人，都能在這裡面有長遠的學習空間與成長機會。

「佛」是我的生命；而我視我的弟子如同我自身；眾生是成就遍智的樂土，是成佛的道場。所以，「傳承諸佛法、利益一切眾生」，將是身為靈鷲人心中永恆的願力召喚。

願與十方共勉！

釋心道

西元二○○八年七月　於靈鷲山無生道場

編序

靈鷲山開山廿五年，雖不算長，卻經歷了全球化的巨變年代，台灣社會也興起了史無前有的佛教盛況，作為見證當代佛教變遷與發展不可或缺的一部分，靈鷲山佛教教團的出現、成長與茁壯，其所走過的種種心路歷程為何？其所關注的世間志業為何？揭櫫何種法脈傳承影響時代？開創何種弘法作為引領眾生？凡此種種，不僅身為靈鷲人皆應反思自問，同時也是靈鷲山佛教教團作為承接當代佛教變遷與發展的一份子，該交代清楚的時代使命。因此，編纂《靈鷲山誌》成為靈鷲人無可規避的責任。

此套《靈鷲山誌》的編印，是　師父廿五年來弘教傳法的悲心願力總集。從開始構思策劃到落實，從逐年集稿到編輯出版，皆仰賴　師父的加持護念與眾人的心血匯集而成。期待這套書不僅成為靈鷲人的歷史回顧，更能提供學佛人求法向道之明燈，以及發願入菩薩道行者，方便濟世之舟。於此分述各卷特色與編輯重點：

宗統法脈卷：含宗師略傳、法脈傳承、公案珠璣和語錄傳燈等四篇。本卷介紹開山和尚的生平背景及修行事蹟，並包括師父年譜。接著說明靈鷲山三乘法脈的傳承系譜、法脈源流，並詳述其緣起。然後收錄了數十則　師父活潑教化、應機說法之公案珠璣。最後檢選節錄　師父的傳燈語錄。閱讀此卷將神遊覺性大海，一睹智慧豁達無礙之景象，更能發現參禪樂趣之無盡燈。

寺院建築卷：靈鷲山佛教教團的寺院建築包含總本山、分院、全球各區會講堂以及閉關中心。本卷介紹其神聖空間形成之理念與建設過程，並描述建築呈現之美與作用特點。

人誌組織卷：本卷主要是以人誌組織為主，包含現有僧團規約制度、開疆十二門徒記述及僧眾側寫，並介紹多年來護持教團發展的護法幹部以及社會賢達。另陳述教團相關立案組織之功能。

　　藝文采風卷：證悟者對美的呈現是自然流露的，無論是在畫紙上或生活中，都能充分運用美的元素，去呈現真心與純良。此卷收集　師父的墨寶、往來書信函、教內教外友人相贈之文物以及教團祈願文，傳達佛法要旨與菩薩祝福。

　　教育文化卷：教育是一個組織能否永續的命脈，本卷闡述靈鷲山的教育理念——禪為體、華嚴為相、大悲為用，並詳細說明「生命教育」、「環保教育」以及「和平教育」的意涵。另外介紹相關教育與研究機構的現況與發展，以及文化出版志業的概況。

　　國際發展卷：靈鷲山以「尊重、包容、博愛」的信念，開創世界宗教博物館，並以愛與和平走向世界，企盼地球一家、社會和諧、世界和平與地球永續。本卷介紹世界宗教博物館建館前後的記實、靈鷲山的國際發展、與各宗教的交流與合作以及對全球議題與人類苦難的回應，展現著靈鷲山教團對永恆真理與和平渴望的努力與實踐。卷末並摘錄　心道師父近二十年在國際上發表的各項演說。

　　弘化紀實卷：廿五年來靈鷲人與台灣社會脈動同步呼吸，這個社會的憂喜，皆有著來自靈鷲人的喜樂與悲憫。本卷收錄靈鷲山廿五年的大事記與年表，記載教團的弘化活動與感人事蹟，並針對其間的重要事蹟進行深度報導，期望大眾對華嚴聖山的理念，有更深的體悟。卷中並詳述四大弘法——禪修、朝

聖、法會、生命關懷，作為靈鷲人接引眾生學佛與自身精進的方便法門。

　　這套書前四卷是敘述靈鷲山內部的種種，從宗統、建築到人物組織和尺素風雅，道盡靈鷲山廿五年來的人事變遷與物換星移，同時也突顯了靈鷲山之所以出現、成長和茁壯的時代意涵，及教團肩負的時代使命。後面三卷，從台灣到國際，從佛法到生活，通過不同的面向，說明靈鷲山的志業如何落實在這個時代，以及在　師父的慈悲願力引導下，靈鷲人如何在每一個需要他的角落，體證著大悲願行。

　　至誠感恩三寶加被，龍天護持，得以成就此樁功德，回向法界一切眾生，普沾法水，共沐佛恩。

釋了意　合十

西元二〇〇八年七月廿五日　於世界宗教博物館

卷序

　　亘古以來，人們一直想瞭解自己存在的意義。因此，「我是誰」、「誰是我」成為一個我們時時在追尋，卻又始終得不到答案的問號。順著這個邏輯，我們也不斷的思考圍繞在我們身邊的人、事、物，究竟在我們的生命中具有何種意義；扮演何種角色？也因此，「宗統法脈卷」的內涵，說的就是靈鷲山自我追尋、自我認識的過程，通過這種追尋與認識，讓我們更加清楚的理解到靈鷲山是什麼？它的修行教化和法脈傳承為何？這些跟你我的生命有何關係？和人類社會乃至宇宙天地又有什麼關係？

　　也因此，本卷說明了靈鷲山的開山之基、立教之本，故稱之為「宗門立意」之卷。通過語言文字，說明宗師之修證歷程及思想教化之理機法味，乃為《靈鷲山誌》中至要菁華之卷。在此，我們將其分為四部分結集收錄：

　　宗師略傳篇：介紹宗師略傳及其年譜，由此認識　開山和尚心道法師的出身背景、求學歷程及修道過程。希望通過這些文字的呈現，讓大眾更加認識、瞭解和貼近　師父。從十二年的塚間苦修，到出關後的籌建世界宗教博物館，足跡遍佈全球，引導弟子由追求心的和平，到推動全球的和平。於此處，我們看到現代禪師願行的顯現。

　　法脈傳承篇：常有人問：「師父您是哪一宗？為何穿這樣？」　師父總不厭其煩地解釋：「這是三乘合一；短褂是大乘、外套是密乘、袈裟是南傳。」外相穿著只是象徵，其實，師父希望弟子們能兼學三乘法要，於現代國際社會中弘傳佛的智慧。本篇即說明　師父與漢傳、南傳與藏傳法脈的因緣，及三乘法教之薪火傳承。

公案珠璣篇：古來禪師教化，隨其根器應機而教，學人必須專心一致、念茲在茲，時時提起疑情，觀照覺知。若機緣成熟，則契理契機，證悟本來。此處收錄數十則　師父方便教化之公案與智慧珠璣，以饗有緣。

語錄傳燈篇：本篇介紹　師父傳授之基礎禪法「平安禪」，然後節錄了靈鷲山近年禪七閉關語錄，檢選為三類——在家眾、大眾僧及僧委會，為　師父語錄之代表。然而佛法總歸為戒、定、慧三學，歷代宗師皆以此引導學人，成就道業；因此，篇後精選摘錄　師父對戒、定、慧三學的指引，願大眾共同領受　師父諸般教化行儀中，無處不散放、自然流露的戒定慧解脫之香。

本卷四篇雖各成獨立內容，但是彼此之間又有相融之處，綜合以觀，靈鷲山「宗統」大要蘊含於其中矣。通過這樣的章節編排和文字記敘，如果能讓諸位善信大眾更加認識、瞭解靈鷲山宗統內涵，並進而發心皈依、歡喜讚嘆，正是衷心所盼。

釋了意　合十
西元二〇〇八年七月廿五日　於世界宗教博物館

目錄 CONTENTS

壹

宗師略傳篇

戰火孤雛──修道前

心道法師，俗名楊小生，祖籍雲南騰衝，1948年生於緬甸東北臘戌省的偏僻貧窮的賴島珊山區，與雲南邊界為鄰，全緬有８０％以上人口信奉佛教。師出生於賴島珊區的賴坎村，當地緬人因與雲南鄰近，一般皆熟悉漢語，於生活方式與作息上與山區滇民差異不大。

·出身

師之父親楊小才，善打鐵，常至附近村落以打零工維生，居無定所；母李淑貞為一樸實農婦，於丈夫離家時，擔負家中生計。李淑貞於懷孕時，平時極少出現於金三角危險山區的僧人，一日居然有三個同時徘徊於楊家門口，後有一僧人進入屋內，且於屋中消失蹤跡，自此李淑貞便深信師為和尚轉生。鄰人傳言，在她臨盆當晚，風雨大作、雷電交加，雞鳴犬吠不已，這在緬北一向平靜的天象中算是稀有之景。

師自幼乖巧活潑，兩歲時已頗善言語，備受雙親與姨母、姨丈的呵護。平日喜聽大人言談，亦常隨母至野外農作。其住屋與一般村民無異，以茅草與竹子搭建之簡單茅棚，約十五坪大小。整個村落約三十多戶人家，生活單純，日出而作，日落而息。女子內外皆作，除操持家務，尚需飼養牛羊與種田；成年男子常以吸食鴉片煙為朋輩之間的應酬消遣。

師二歲時，妹楊小苹出世。四歲時，生性剽悍的父親於村落附近遇害。於楊小才被害前數日，師母於深夜帶著幼妹離家，臨走前曾至師床前流淚凝視，未發一語，師假裝熟睡，懵懂中似乎了解母親的苦衷。從此母與妹未再返家，杳無音訊。「我知道她要走，沒想要哭，就是知道事情要這樣發生。」

自此，師便由姨父母養育。七歲，姨母病故，師便隨姨丈尹湖南流浪打零工維生，尹湖南為人正直，視師為己出，兩

1948年心道法師出生於緬甸東北偏遠貧窮山區。

人脣齒相依度日。年餘，尹續絃，生活愈形艱困，師雖年幼，
常思如何幫助家計，曾多次獨自翻山越嶺至南札拉山區幫人汲
水、放牛與看顧比他還年幼之小孩。師工作盡責又開朗，頗得
雇主喜愛，甚至欲加以收養，卻被姨丈斥罵帶回。

　　九歲時，村落中有人來為緬甸聯軍招募游擊隊員，以於
軍中可接受教育為誘因，招攬師加入軍營行列。尹湖南雖力表
反對，師卻認為從軍可減輕姨丈生活負擔並可讀書，遂於某日
毅然離家，開始多年之軍旅生涯。師因年幼，在接受三個月之
非軍事訓練後僅能擔任傳令兵之工作。師於行軍中，常見同袍
曝屍於荒野，不及掩埋，剛才分明活生生之人，轉瞬即動彈不
得，師深感生命變化難解。1961年，師十三歲，師隨大隊人馬
經水路抵清邁，再搭軍事運輸機抵台。

・來台

　　來台後，師被安排進入台中新興國小就讀，名義仍屬軍籍，接受國家照顧。初到台灣，師對台中街景十分好奇，偶於午寢時，翻牆外出賞遊，叫麵、吃冰，待軍餉儲蓄充足，還買了部破舊腳踏車，常從潭子騎車去豐原看電影。除了台灣社會相對之安定與富足，使師感受和平之可貴，於學校生活中與來自不同家庭背景之學童接觸，亦大大擴展師社會生活之經驗與視野，使其了解軍旅生活並非唯一可能之生存選擇。

　　與此同時，師亦結識軍醫官張啟富，從其口中首次聽聞「觀世音菩薩」聖號，生起分外熟悉與親切之感，不禁流淚，彷彿從浮沉的汪洋中找到可依靠之臂彎。然而這並非第一次與佛結緣，早在兩歲時，每每聽聞大人提及一種名為「彌勒」品牌之牛奶，及其他包裝盒上類似西方三聖之產品標誌時，即有種特殊之熟悉感；而於九歲，入軍中不久的一日上午，與同伴至駐守之村落附近遊玩，見到大水潭上方有一身著紅色袈裟之緬甸僧人直身凌空掠過，此景令師久久難忘[1]，種下日後想拜阿羅漢學佛問道之心念種子。師先從張醫官處得贈《普門品》，後又熟讀從寺廟中所得之「妙莊公主傳」，對觀音菩薩不畏艱辛之求道過程，以及「千處祈求千處應」之聞聲救苦之精神十分景仰。師嘗言，他一聽到觀音菩薩名號即會流淚、感動，彷彿有甚深之宿世因緣。且云，最早拿到之佛經即代表一種緣起。師最早讀之佛經為《普門品》，「所以普門品就代表我的修行之路，也許開始就是結果。」

　　師於早期學佛路上有兩個同伴，李逢春與趙安榮，皆先後

撤退來台，李為師十三歲於緬甸軍
中結識之袍澤，趙為師之同鄉。師
與李經常分享觀音菩薩濟世救人事
蹟，並將佛書隨身攜帶於書包中，
以便經常閱讀。師從經書裡之故事
深獲啟蒙，即使義理深奧一時無法
了解，讀來仍感渾身舒暢。轉入新
興國小不久，師與李發願茹素，但
因軍中並無素食，兩人每日以鹽、
薑與水果，或撿肉邊菜下飯，因此
常因營養不足而無體力。茹素初
期，偶受同儕捉弄，於飯菜中摻放

心道法師於十三歲來台，後
輾轉就讀農校與士校。

葷食，師從未曾追究，僅以修忍辱行自勉。未幾，李放棄茹
素，但師仍堅持，常以「觀音菩薩亦茹素」來堅定信念。師求
道之心日益堅固，同年，興念「今生斷塵沙惑」之誓願，並仿
效緬甸和尚，於身上刺青，以提醒自己證道之決心。師於無麻
醉藥物輔助之下，自己於左右臂及腹部上一針針刺上「吾不成
佛誓不休」、「悟性報觀音」及「真如度眾生」等字，並在兩
掌背及胸口刺以卍字。同年，師隨軍移防桃園關西，並跳級就
讀員樹林國小六年級。師在校學業成績中等，喜運動及閱讀，
酷愛俠義章回小說，常與李逢春演練小說中所述之練武方式，
仿效大俠淑世救民之雄心與夢想。

於學佛志趣上，師與趙安榮亦甚投契，趙幼年曾出家，
後因戰爭而還俗。兩人常一起研讀佛經、打坐，週末時四處遊
訪佛寺，甚至遠上台北六張犁，於參訪之各寺院中，最常駐足

者為關西潮音寺，於此結識了遠光法師與常緣法師，常向法師請教佛典中的義理，時師十六歲。常緣法師與師常書信往返，師曾言，「初發心時，於禪宗方面的認識，受常緣法師影響很大。」師從常緣法師修習禪坐，此後，每夜於營中就寢熄燈後，於床鋪上以不倒單姿勢徹夜安坐。與法師接觸頻繁後，師漸認為出家即為濟世救人之工作，且出家戒律也與師習慣之軍中生活頗為契合，遂對出家學道有了嚮往。

該年八月，師與幾位同袍考取桃園農業職業學校，然長官認為讀農校之出路有限，數月後，改進關西初中二年級就讀。師因持續吃素，在校得「齋公」之號。此號傳至學校附近一位謝鳳英女士之耳，了解有位來自緬甸之茹素少年，常遭同窗捉弄，每日僅食伴鹽白飯及少許肉邊菜，心生憐惜之餘，每日清晨備妥一份素便當，請人送到學校轉交予師。多日後兩人相會，師不久被謝女士收為義子，謝家亦成為師於台中唯一的家。謝女士為一貫道點傳師，師於其閣樓上研讀一貫道典籍及大量禪宗經典，也藉閣樓環境清幽之利，常於此打坐，於學習過程中不斷探索禪修之奧妙。

除佛教、一貫道經典外，師亦曾接觸基督教教義，思索人生與生命意義等大難題，而在各家說法上，師自承與佛教最為相應。師亦以此為由，婉拒謝女士欲傳道師之提議，傳道雖不成，卻無損義母子之間深厚情誼，日後謝女士持續支持師之修行。於中國傳統典籍中，師熟讀《四書》與《古文觀止》，尤其對《論語》印象深刻，常與李逢春兩人競相背誦，孔家學說中之忠恕之道對師人格涵養有相當影響。

師持續參訪寺院與接觸法師，心羨修行生活的清靜自在，

對照自己所過軍旅生涯，益覺塵勞束縛。而於遊訪寺院之翌年，即十七歲時，師生起出家之念，並懇請遠光法師代為引見新竹福嚴精舍之常覺法師，希望於常覺法師座下出家。然常覺法師認為師仍處於就學階段，出家因緣尚未成熟，遂鼓勵師堅持道心等待機緣。出家不成，師頗覺困頓，一日，與同袍閒聊，對方有感而言：「生活如同被人養的狗，萬般不能作主，人生也無啥意思。」師聞之，心有戚戚焉，同時益覺人生須有方針。於此時期，常縈繞於心的問題，即如何將修行與部隊生活相結合，以開展實踐濟世之弘願。

十八歲，師以在職軍人身分考取陸軍龍岡第一士校。士校期間生活單純，師於奉獻德行方面多有薰陶，喜獨處沉思，個性轉為沉靜內斂。於學校教授之知識方面，師於多番轉學的行情下，無特殊表現，然亦不被有限之課業知識所拘束、規範，總思以如何將生活、修行與濟世結合在一起。

1967年，師十九歲，與李逢春等友人想偷渡回緬救國濟民，然所搭小舟翻覆。軍法官對師說明，師為請假外出，並未逾假，只要回部隊銷假一切即告無事，然師一再懇請軍法官，說明自己在吃素、修行，於軍中十分不便，且早已無心於軍旅，只求一個罪名被勒令退伍。後終於獲准，刑期八個月，以求可以脫離軍旅生活，出家訪道。

師入獄於嘉義東石，於此見識生活中之晦暗層面、人性之脆弱，及身不由己之悲苦。師辛勤勞動，無怨無尤，每日清晨四點至夜間十一點，於塵沙鑽入眼鼻之狂風中徒手搬石，協助海防工程，手指長泡、磨至出血，至體能無法再負荷時，常默禱祈求觀音菩薩救度。不知是否菩薩伸出援手，未幾，轉任

看守之職，勞務遂減。八個月刑期滿後，由義父楊世春擔保出獄。這段坐牢經歷加深師對佛法的了解，師嘗言：「整個這個牢我坐得滿踏實，這些歷練對人生的認知有很大的啟發，為什麼對佛法可以了解很深、對世間的種種體會得滿入神的，都跟這些甚深的苦有關。」

出獄，於師而言，其意義即為用苦刑交換而來之退伍，也代表另一種新生活之開始。多年來，師習於過著群體而有紀律之單純生活，而今終要單獨面對社會，探索沒有非黑即白、明文規定之生活百態。初時，師暫投靠義母，助其分送養樂多飲料與採收檳榔，後輾轉經歷十一種工作，於1968至1969年間先後擔任過蘆筍罐頭廠工人、貨運捆工、漁船船工、水泥廠搬運工、工地監工、製茶工、清潔工、冰廠送貨員、臨時演員、米店夥計與唱片行老闆。期間，好友李逢春常提議謀生的計活與介紹工作，雖承諾與師一起共事，然李常飄忽不定，難有持續。師從事者大多為苦力，每日勞動十八小時幾為常態，師隨緣度日，不以為苦。若遇無錢窘境，或寒冷與飢餓等「麻煩」事，師益以忍耐自持。師體驗人生種種境遇，感受其變化無常，最終要求自己真實來面對。「在這種世間，在生命的這種變化之下，感覺到生命就是這樣無常轉變，體會到生的艱辛，所以在這種種的變化之下，就是要有勇氣的去面對，要真實、真心的去生活。」

師擔任米行夥計前後達三年，安穩日久，愈受羈絆，甚至曾起成家之念頭。米行位於台北饒河街，師得老闆夫婦親切對待與信任，店內事務悉委師管理，師盡心工作，繁忙時一日可強運白米七千斤，師亦因過度操勞於此時初患肝病。師察覺世

俗羈絆日深，於附近河邊散步時，常感慨退伍數年以來，工作
一直佔去大部時間，雖不厭惡亦不稱心，但總與先前所嚮往之
修道生活差距日遠。一次反省體悟，深覺「如此持續下去將無
法達成出家的願力，達成救世的原則，最後我只想趕緊離開這
個環境，趕緊出家。」

如幻頭陀——出家修行

1972年，師廿四歲，李逢春因腎病住進醫院，期間師全程悉加照料，未久李不治病亡。李為師之袍澤、摯友，及象徵與故鄉、過往生命之聯繫，李之亡故，切斷師繼續過俗世生活之因緣，而回緬救國濟世之夢想，亦隨李之逝去而化作一縷煙雲。此時，唯存求道一願清晰浮現心頭。

師年少時目睹阿羅漢飛躍水潭之印象仍深，遂想拜阿羅漢為師，然阿羅漢殊不易求，師遂央請遠光法師與己為伴，四處尋訪適合出家之寺院。

翌年，於遠光法師引見之下，師皈依樹林吉祥護國寺開山和尚續祥法師，並打算於其座下出家。續祥法師長久習禪，於華嚴、天台宗亦有涉獵，並長於梵唄唱誦。續祥法師嚴明規定，沙彌住寺須滿三年後才得接受比丘具足戒，師求道心切，不願延宕，遂陸續尋訪其他可依止之道場，故於皈依後六個月仍無定所棲身。一日，常緣法師謂師，於出家寺院他已有定案，於一句「反正你就是要出家，無須多問」之情形下，帶領師上高雄佛光山。入佛光山學道須先入其佛學院研讀，師通過考試，卻苦無讀書之生活費，旁人提醒謂出家即可免除費用，師覺正是時機，既可解決生活費問題，又可圓其長久以來之出家心願。1973年，於農曆九月十九，即觀音菩薩出家日，師於佛光山正式剃度出家，心平法師代星雲大師為其剃度。師字號慧中，名心道。

於佛光山叢林大學院(後更名為叢林大學)就讀時，師除上課與讀書，即自習禪坐。師長期禪坐已成習慣，即使於未出家前之工作期間，亦不曾中斷，於進入學院後師常一坐徹夜，課程、作息逐漸與眾脫離。對此情形，時佛光山開山和尚星雲法師並未責怪，並安排師至鍋爐間當火伕，以免除諸多隨眾課

廿五歲剛出家時於宜蘭礁溪。

心道法師自年輕時即崇拜密勒日巴尊者與虛雲老和尚的苦行，故於出家後即以他們為做法典範，遵循聖者的足跡。

程。師於看管鍋爐之餘一旁禪修，然火伕工作吃重，尤其須承受鍋爐不時發出巨大氣爆聲，經三月餘師肝疾復發，遂暫停課業養病，此後數月之醫藥費悉由星雲法師承擔。

同年，師於苗栗法雲寺受三壇大戒，受戒期間得戒兄仁海法師傳授坐禪心要，自此師即依此心要修習不斷。遠光法師曾謂，心道法師從少年起，即是一個「只要一打坐就勇猛精進的漢子」，得此法門後，師尤其精進不已，氣機發動時，全身氣脈暢通，幾至「不想打坐都不行」、「停不下來」之地步。師於出家前之打坐純為一種興趣與習慣，但真正深入法門，應從此禪法之後。然而，師之習禪與叢林學院課業難以兩全，學院內雖是名師濟濟，對師思想大有啟發，然師更希望藉由禪坐來觀照自心，從內證下工夫。師早已自覺，「定慧不二」之修行方式乃自己須走之道路，尤其對祖師大德之苦修深心嚮往。師述及求道過程時曾言，「我看這些祖師大得的修行，都是不

倒單，一坐就是幾十年，我也想像他們一樣那麼努力去禪修，要像那樣苦行，才能體會他們的成就。」

1974年，遠光法師胃出血住院，師向星雲法師告假前往探望。探望之餘，師向遠光法師透露想要獨修習禪之想法，遠光法師甚表支持，慨然提供其家族所擁有之外雙溪蘭花養殖園內閒置之空房，以為師修行打坐之處所，並允諾護持師三年，每月五百元緣金。

·頭陀苦行三階段

蘭花房獨參

師於告假離開叢林學院後，即遷入外雙溪蘭花房，以效法大迦葉尊者之頭陀苦行為目標，開始獨修，歷時半年。每日過午不食，坐在蘭花房外的圍牆邊，以一棵小雪松為伴，除盥洗、午炊、沐浴、洗衣，及課誦、經行之外，鎮日行不倒單打坐。師言，打坐，是為了培養定力，讓思維冷靜、細膩，愈是細膩就愈能深觀。師於蘭花房時期專注於觀照無常，觀「一切有為法，如夢幻泡影」。初時，師面臨最大之難題，為切斷人類群聚慣性而來之孤獨感。此種孤獨感牽動著感情作用，令人易覺失落，因乍然從社會網絡切離而出，舉目所見皆隻身一人，毫無外界訊息。師形容自己「孤獨無知，像已經死亡一樣，身在另外一個地方，然後再猜想外面的世界是什麼」，到最後孤獨感形成一種痛感，如利刃穿心，經三月餘，才逐漸習慣。

自得禪法心要之後，師即以「觀照」為根本修行法門。於蘭花房時期，師著力於觀照一切幻化無常，即使面對難耐之孤獨感，亦將視為一種虛幻之心情，以四念處中的「觀心無常」來破之，藉由不斷調心而漸入安境。除此，師還參祖師偈，以之解答修行疑惑與突破障礙。一晚，明月當空，禪坐時空明寂靜現前，生滅心頓失，師體會到自在輕安之法喜，有感而得一偈：「月兒寂寂雲默默，悄悄聞得未生香。」

期間，星雲大師多次促師回叢林學院，師表明獨修意願，

星雲大師遂指示師至宜蘭雷音寺修行。1976年二月，師遷往雷音寺，然因寺院後方有打鐵工廠，鎮日不斷傳出巨大敲擊聲，不利禪修，星雲大師知情後便指示師前往礁溪圓明寺。

塚間修

圓明寺為早期宜蘭著名寺院，原為私人產業，後捐贈予佛光山，慈航大師與星雲法師皆曾駐錫於此。然於師往訪時，寺院早已年久失修而凋零頹朽，殘垣斷瓦中幾可舉頭見天，四處環境荒蕪，正門以北為一片墳塚。師長期以來熟讀祖師大德傳記，對迦葉尊者之頭陀苦行尤為崇慕與嚮往，故一見圓明寺即視為理想之修行處所，遂駐留於此。師認為，塚間苦行是為了

塚間修時期的圓明寺，後坍塌重建。

塚間修時駐留的宜蘭莉仔崙靈山骨塔。

「降伏妄念與欲念，使它沈澱下來，讓思維更清晰，對於佛法的體悟，能夠更貼切、深刻而達其精髓。」

　　有了蘭花房之獨修經驗，師於塚間修便能迅速進入充滿寂靜的法樂之境。然寺院內濕氣瀰漫，蛇、蟻群爬行，日落之後鬼道眾生不斷騷擾，使得內外在環境都較之先前更加險惡，尤其魑魅與鬼道眾生出沒，為師帶來甚大之恐懼與威脅感。經常，寺內門戶無故自動開關，或於打坐時感受「有人」進進出出，或於某日感到整座寺院劇烈搖晃，經詢問他人，卻道當時並無地震。師於有形與無形之恐怖壓迫下，不斷精進、自我砥礪，平日作息為日食一餐，禪修十八小時以上，下座時，便是讀經。時圓明寺內備藏甚多經典與佛書，師遇有疑惑便參照之，其中包括八指頭陀尊者之《禪宗修法》，助師解惑甚多。

　　師於修持上從早期蘭花房開始，便以「觀天地念無常，觀世間念非常，觀靈覺即菩提」為根本口訣與法門，從未改變過。然於蘭花房時著重深觀無常，而於此階段，除持續觀照一切現象無常之外，愈加體會心念之無常，逐漸照見內在不變之靈覺體性。師嘗言，修行上很重要者為「止觀」，「止」為身體上之止息；「觀」為內心之處理方法，止觀合一時即可破除許多內外相之執著，使心自由、安住。師云：「慧就是觀照，

定就是安住。因為觀照般若而產生安住。」於塚間修行，主要為看破凡相，使心落實於內在之觀照。於此時期，師持續作默照心性之功夫，為下一階段之深入禪定預做準備。

於圓明寺期間，常緣法師與開乘法師曾來訪，然僅住一週即因濕氣太重而離去，行前曾勸師遷往附近之靈山塔，然師未從，直至寺院牆柱完全坍塌，方於1976年秋，於住了一年半之圓明寺遷往步行約十分鐘之莿仔崙靈山骨塔。

靈山骨塔處於亂葬崗之中，為宜蘭鄉公所所建，七層水泥建築，一樓供放置孤魂骨罈，二樓以上皆閒置。因廢棄甚久，四面門窗皆赤裸無遮，每逢大雨便澆滲入內，陰濕不堪。師遷入塔中二樓，持續塚間修行。遷徙前夜，師於夢中見韋陀菩薩高大金身示現，伴隨天樂，細聽之，原為稱頌《心經》、《金剛經》與〈大悲咒〉，其中最後一句「佛光普照」，字字清晰入耳。此祥瑞之兆，使師更增修行信心。

放眼望去，靈山塔之環境較圓明寺更為殘破淒涼，骨灰罈為伴，毫無遮攔之風雨為友，於空無一物之二樓泥地上，以幾塊廢棄木板拼湊成床，明月下，孤照師一人身影。塔內幽冥眾生似乎也不甚歡迎師之進駐，經常於夜半與破曉前，門口傳來鏗鏗敲擊聲，一旦起身尋聲應門，卻只聞一陣腳步聲急促離去，不見人影。過些時日，甚至傳來陣陣哭聲，如細針刺心耳，淒厲酸楚。初時，師甚覺恐怖，齒牙打顫，不斷持觀音聖號，然哭聲依舊。尋思一番之後，師以悲憫之心持誦〈大悲咒〉與《金剛經》，每日迴向塔內孤魂，並發願來日修道有成即超度他們。此後，幽冥眾生便不再來擾，不但不擾，當師為了調心而外出至附近老人院義務勞作過久時，會以種種方式促

師早回。日後師每月所主持的「圓滿施食法會」及一年一度的「靈鷲山水陸空大法會」，皆緣於此時所發之悲願。

雖然塚間環境險惡，卻對師提供修行上莫大助益。師於此處直接面對生死，無分日夜，不斷持續觀照心外與心內的無常變化。師常於墳間看生者給死者送葬、哭啼，未久又喧鬧而去，深感生死如戲；加上日夜看著死寂，聞著瀰漫於空氣間陣陣屍臭，最終無分貴賤人皆埋於土中，更覺無常逼迫，生死如幻，因而欲望寂然如灰，心漸冷卻。「冷卻之後，心會非常淨明；愈來愈冷即是禪修的一種助緣，逐漸會產生高度禪定力，之後就可分析得更細微，去探討心理與物質的本質。」師認為信仰即是要解剖真理，將思想如顯微鏡般去照、去觀察、去解剖，了解其最終因素為何，是因或果？如無此求證歷程，信仰很可能只是個迷信。而若要解析人心、世間萬象，即需一個可讓欲望冷卻之清靜處所，師以為墓地是最佳場所，其次為深山、洞穴與安靜之阿蘭若。但若無因緣，塚間修非一般人可輕易嘗試。此亦為日後師並未要求弟子行此苦修之原因。

於靈山塔時，師身心備受煎熬，甚至曾有退轉之念頭，心想自己為何要來此忍受這種苦，以及還要忍到何時才得成就？內心猶豫交戰之後，師轉念一想，「外面世界既然比這裡更苦，還是苦下去吧！」師以此化解退轉心，繼續忍受無比煎熬試煉，約半年後，師才逐漸熄滅妄念，安止於當下。

師於禪定得力之後，開始面臨幻境顯現之迷障，無論處於何種幻境或生起何種幻覺，師一蓋不抓取。師言，打坐非為求神通、求感應，而是讓自己能看到本來心性，心為無相，如鏡一般，當妄念沉定，心鏡即會影射幻象，然而自家主人只能權

充鏡子，不可執取幻境，一取即著魔道。師以觀照的禪法，日夜持續不斷覺照自心，不敢須臾怠惰，一心聆聽寂靜，安然度過重重幻境之考驗。

在一次禪定淨相中，師所崇敬的密勒日巴尊者示現，尊者以手摩師頭頂說：「你要相信自己是佛」，並賜號「普仁」。同時，也預示師日後修行上必須克服之障礙。

為了調心，及化解不斷禪坐所引起之如琴弦繃緊狀態，師每週兩次回到雷音寺參加法會，以及至靈山塔附近之「仁愛之家」充當義工，幫病危之老人洗浴，或搬運往生者之大體。師於此地親見病危與臨終者之恐懼、驚惶、無助，於安撫之餘更深切明瞭一般人面對生死關口之無知與痛苦，愈加鞭策自己精進，希望能早日度脫眾生。

靈山塔為師修習禪定最得力之處，周遭雖為荒塚，師卻視為清靜無比之家園，每當回到此地，砥礪之心即沛然而生。師禪定愈得力，整座靈骨塔氛圍亦隨之轉換，至此，已無悲淒陰森之氣，代之以生機活潑又沉靜攝受之磁場，故師將骨塔命名為「啊！靈山禪院」。一日禪坐，寂靜之音連成整片，貫穿上下時空，身心寂然寬廣，覺有一空裸本明，朗朗如日，體悟一切顯現皆由空所衍生，有感而偈：「靈明虛照大千界，寂滅性空體如如」。師由此而遠離鬼神與生死之恐懼。

1979年，師廿九歲，圓明寺整建落成，新任住持為一女尼師，尼師以師成天打坐怠惰不做務為由，要求師搬離靈山塔，師雖不捨此攝受修行之地，亦得另覓他處。後遷往宜蘭龍潭湖畔墳場，未久，有信眾數人籌款為師於墳場附近搭蓋一小茅棚，充當關房使用，師將之命名為「如幻山房」。師於此駐留

宜蘭龍潭如幻山房修行地。

四年餘，每日攜一草蓆至墓地禪坐廿小時以上，其餘時間即持
〈大悲咒〉、誦《金剛經》、參禪宗祖師偈語，及參讀密勒日
巴尊者與虛雲老和尚傳記。

　　於如幻山房期間，開始有佛教刊物報導師之塚間修行，慕
名而來者日益增多，師認為「人事即為修心道場」，故不拒絕
信眾來訪，並為信眾舉行皈依禮及接受弟子於其座下出家。師
長期處於禪定直觀中，不做識別，言語僵退，故接眾之初，表
達時常如語沉大海，緩慢才浮現一語。師平日肅靜少言，眼開
三分，持續禪坐，唯當弟子於修行上有體驗才予解說，從定、
慧、心性著手，常是直截一句，電光石火。

　　據當時護關弟子回憶，師每日去墳間禪坐至隔日上午十
點，回來後即洗把臉，躺半小時，用午齋，接著繼續持〈大

悲咒〉。而於夏日烈日當空，師回來時身上毫無汗跡，身上衣物毫無污穢，反而香淨如新，即使久久才洗之衣裳，於搓揉洗滌時，亦不見穢垢。一日，護關弟子於廚房清掃時，忽聞一股檀香，好奇之下，循香而去，發現乃出自於師之簡陋寮房。此外，弟子與信眾們曾發現師同時顯現於不同之處，或觀海、或漫步，然則師實端坐於關房內，一步未出。曾有弟子問師何以有此現象，師輕描淡寫說，修行至某種階段自然會產生身心變化，此變化亦是幻有不實，不應貪著。師不喜談神通，認為修行乃為求究竟解脫，若有所執著，即有所障礙，求神通者亦不例外。

於修持上，師持續不斷以諦聽寂靜之法而觀照覺性，由觀照而參悟，再由參悟而觀照，反覆持續，直至契入法性。「觀照，就是觀照世間的無常，然後明白世間一切幻有，慢慢慢慢讓心去了知這一切的無常，讓心安住在這個覺照上。」一日上座，體會心與靈覺合一，體用無有分別，而得一偈：「體性寂然，虛無體性，常住虛無，不離體相」。

斷食閉關

塚間十年，師雖禪定得力，卻未能盡斷煩惱，同時也面臨「到底在覺悟與生死之間存有什麼特殊關係」之疑惑，於是到了如幻山房後期，師開始間歇斷食。師言，斷食有助於禪修，能將心念更細膩化，沉靜下來，再透過禪定而達到綿密之觀照力。師於墳間苦行時思維已很冷靜，但於斷食時更為冷靜，因飢餓減低了欲望與貪念，此時僅面對死之隨時來臨，毫無所求，於死心中開發內在直覺之能量，以及「加強對本來面目的

信心，及靈光獨耀那種更纖細的呈現。」師之修行一步較一步更嚴厲，塚間修行時暴露於外在之死亡氣息中；而斷食則在肉身內逼近死亡臨界點。這一切無非為了去了悟不生不滅之心性。自古以來，菩薩為成佛道，皆歷經百千萬劫磨難與考驗，斷食於師而言，僅為方便遂行之手段，何況師一路苦行，至此斷食階段乃水到渠成。

1982年底，師於夢中見其胃被割除，醒後尋思夢之涵義，翌日決定長期斷食閉關。而為避免干擾，師遷往宜蘭員山周舉人古堡，此古堡為清代周舉人所建之碉堡，此時僅剩一斷垣廢墟。師待於此地約半年，後因慕道者來訪日眾，被迫又遷往更偏遠之山區洞穴。師前後斷食達兩年。

靈鷲山法華洞內斷食閉關。

斷食期間，師每日只飲少許水，與服食九粒花瓣煉製之百花丸，以維持生命所需之最低能量。初時，因無進食，胃部抽搐，味覺索然，常有嘔吐感；再來即體力漸虛，經常頭暈昏花，渴念各種食物之味。三月後，逐漸適應身心遽變，不適感減低，嗜食之慾日淡。六月後，雖體力虛弱，卻精神奕奕，身心輕安許多，食慾全無。然隨時間流逝，師日漸消瘦，直至「身上的肉都沒了，只剩皮，所以可以拉起來幾吋，沒事就拉著玩，到後來連睡都不能睡了！」由於肉脂全失，所有動作之力道都直接壓迫筋骨，於行住坐臥時，疼痛不堪，師於是常趴在地，繼續禪觀，直至一年餘，才逐漸習於這種苦楚。

日以繼夜，身軀之痛苦無有停歇，師不斷自問，「是什麼在苦？有什麼是不苦的？」最後師了悟，原來我們本自具足一

份不受痛苦、生死之真如實性。

「我最大的體驗是在斷食時，隨時準備死，而究竟死是
什麼？會死的只是這個身體，而我『這個東西』（指靈性）好
像沒啥事，那麼有精神，那麼明朗……在這兩年當中就看，心
理怎會影響生理？生理為何會影響心理？這兩個東西是統一還
是不統一……如果我們完全不管這個肉體的變化，這個心是空
的，它可以獨立存在，……去察覺這個心念的空，去察覺這種
心念的平等。」

師自蘭花房始，修持法門皆為「觀照」，從未改變過，僅
觀照之「明度」不同。早期於蘭花房偏重於觀無常，此時，更
看清吾人皆有之靈明覺性。

周舉人古堡一角。

「斷食時，欲望減輕到最低，只剩死的感覺，那時我的煩惱在哪裡？我所察覺的是這個。死時，是有個東西可以去明瞭的，身體是無知的，『知』(註：相當於靈覺)看起來是個因緣變化，但離開因緣變化之後，『知』是存在的。我們會看到，止觀修得好時，『知』會呈現，到最後並不只是個『無我』，它會呈現體性的光明。」

於周舉人古堡時，一個閃電不斷之夜，師上座禪定，心識迅速由粗入細，從變化而不變化，瞬間大地彷彿平沉陷落，獨露覺性光明，了悟心與萬物不二，無我周遍一切因緣。此時有偈云：「圓滿寂靜不動尊，無生無滅無涅槃。」這段因緣啟發師「同體大悲」之心，此後修行，從因緣看到無增減，從幻有到明心見性，了通「法、報、化」之理。師形容這種感覺如同「插上宇宙的能源，將般若智慧與空性結合的圓滿究竟」。

師於古堡斷食之事不脛而走，各地信眾跋涉前來探訪，為免干擾，師再輾轉遷徙至福隆莒蘭山，首先入普陀巖山洞半年。該洞穴位於荒闢山林高處，蛇虺眾多，無水電設施，僅有岩壁裂隙滲出的山泉，勉強可供師與三位護持的弟子飲用，故師徒常須至山腰扛運用水或其他日用品，使得元氣耗損過度，一口氣岌岌可危，甚至交代大弟子釋法性：「如果我死了，你要繼續好好修行。」[2] 一回，師於搬物時絆足摔倒，險些喪命，一名弟子跪地哀求師放棄斷食，然師未置一詞，對此意外淡然視之。

一個起霧之夜，平常如昔，師於洞內持續端坐禪修。寂靜、幽暗之山洞，突然發光，隨之出現一聲轟然巨響，如撞洪鐘，且地上傳來震動。洞外兩名守護的弟子驚訝得瞠目結舌，

未久，山坡下拱南宮的廟祝亦聞聲前來，說道：「師父啊！這座山的地理都給你得去了！」洞中巨響時，師仍處於禪定中，出定後已不復記憶，但自此思維通達，體用交融無礙。

普陀巖為地方廟，原本即人進人出，於傳出有個不吃飯和尚之奇聞後，人潮更加湧現，甚至引來遊覽車上山觀光、看奇人。師遂再隱入後山之一洞穴，該洞穴初時無徑可取，須攀爬岩壁方可進入，如猴入險洞，經過師徒及工匠略事敲打後，整理成一坪大小、不及人高的關房，取名為「法華洞」。

法華洞閉關時期為師從內修至外弘的時間分水嶺。師在此一年餘，以禪悅為食，身體輕安，覺性本明愈發堅固，直至1985年為赴印度朝聖，師才出關復食，從此展開弘法利生之漫長菩薩道路。而山上建設由法華洞開始，結合無數信眾之力，日後逐步開創出遍及全莕蘭山的「靈鷲山無生道場」。

回顧師之修行經歷，自廿六歲開始獨修、苦行，至卅七歲出關，十二年之苦修於師而言，乃為追求真理之磨練身心之歷程，而其目的為成就自在之生命。師言，自在生命可分兩個層次，一為個人身體、心理之自在，二為長期之自在，即轉化成發菩提心與成佛的生命道路。換言之，即「自利利他」之生命。

從內修至外弘、從苦行至菩薩道之路，於師而言是個必然過程，於此過程中，師體驗到「迴小向大」之樂。「我體悟到『迴小向大』的快樂。什麼叫做迴小？當我們在苦行時，是為了修覺悟、證量，以及在(覺性的)明度做加強與徹底的努力，當我們只知自我的時候，空間非常的小，從斷食閉關以後，我覺得天下何其大！為什麼我老是還在這個苦行裡面轉不出來

斷食閉關期間於尚
未啟建之無生道場
大殿前。

呢？應該把我苦行的經驗、很多快樂的方法，傳播給大家。我
想閉關兩年斷食，最大的體會是空間大了，不只是內在，外在
也很大。」

・法教要旨

般若即體、即用

　　師之法教以般若為核心，般若乃為師修行深觀之體用，依此深旨而開示眾人。般若，於梵語及巴利語中原意為真實，在印度古籍《奧義書》已有這個字，指一般宗教智慧，後佛教用此字意指慧、智慧、明與知識，演變到後來，也包含「波羅蜜」（到彼岸）之意，指透過般若智慧抵達解脫之彼岸。一般而言，般若又分三種：文字般若、觀照般若與實相般若。文字般若指佛陀、聖者言教；觀照般若指經過實修、觀察之後所得之智慧；實相般若指最後去除執著而進入實相所證得之智慧。

　　「學習佛法分三個階段，首先以文字般若獲得初步了解，接著在生活中實際觀察種種變化，讓我們去體悟到最實際的生活，這就是觀照般若。禪，就是實相般若，也就是內在精神的發現。」

　　師認為般若為佛法根本，偏離此根本即非佛法。師於闡示般若有兩層涵義，一在體性為空性智慧(實相般若)；再者，在修行實踐方法為覺觀法門(觀照般若)。前述師所觀修之「觀天地念無常，觀世間念非常，觀靈覺即菩提」，即以般若覺觀而貫穿之，此法，師謂之「般若法」，為師修行根本法要，亦為教授弟子的心法。於一次對弟子的開示中，師云：「般若行是什麼意思？就是覺觀！以悟為修，以覺為觀理。悟為修，就是領悟，就是觀照，每一種法門都是觀照，呼吸也是觀照、觀心也是觀照，沒有一個法不叫觀。……師父的法就叫般若，般若

也叫透視，就是因為觀照而透視，因為透視而達到空性。」

師：般若就是透視的意思。

弟子：透視？

師：就像顯微鏡這樣看，透視就是放大看、透徹去看。般若就是透視一切都是空性，都具有空的性質。因為不斷去透視這些「有」的東西變成空的，所以叫作般若的行，觀行，不是去「想」般若，是去觀照才會成般若。

弟子：是去觀照事物本來的空性？

師：對，觀事事物物的空性、般若性空。

弟子：就是從日常生活中去觀照所有事物的空性？

師：你要去解剖分析，看透這些想法。

弟子：師父可不可以舉個例子，如何去解剖？

師：解剖，例如房子，房子是水泥、石頭、沙子，還有木頭，瓦礫、柱子……這些組合起來變成的一個東西；沒有組合起來它就不是房子。組合的東西叫作因緣和合，因緣和合就沒有一個主體性，都是和合而生的，這就是空。

弟子：這是指物質面，如果是對於內心的意念，我們要如何去解剖它的空性？

師：內心的思惟是幻，像照相一般的幻相。……看看自己是什麼？哪一塊是你自己？你的整個思惟是由一個片段、片段組成的，都是由一些名詞逗起來就變成語句，由名才有句，句才變成一個話、想法，如果沒有這些東西湊合，就沒有思惟。

弟子：所以，如果要明白內心的意念，就從「我」去找？

師：對，去看「我」是誰？「我」這個欲望從哪裡生？看清楚被欲望牽動的是什麼，所看到的對象是什麼？女是什麼，

男又是什麼？我們都要去解剖，解剖到最後，你會慢慢養成空性的透視，而不是用「貪」心去看，那是看不透因緣和合的。

師所言之般若觀法有其次第，在達到透視空性之前，首先要明白一切現象皆為「幻有」，再依幻起修，此種修行即是「幻觀」；當如實見到一切現象皆為幻有之後，即可進一步修「空觀」——讓心不執著於任何之「有」，此「有」包含有相與無相之有，如此才能逐漸離相，此次第亦即聞思修之過程。

「生叫幻起，死叫幻滅，這整個世界、人生都只是個幻滅，既然是幻滅的東西，就不能去貪執。看到這些幻滅時，我們修幻觀，修了幻觀，接著空觀，修到空觀，就知道我們不存在這種『有』的執著裡。所以我們先由觀念去思維，一切的因緣變化是無常、是空、是幻的。先從這個觀念讓我的心能夠離開分別心，離開貪、瞋、癡的心，因為這當時你在觀的時候，你觀照『貪』，心不知道要貪什麼，發現沒有一個要貪的主體，你還貪什麼？同樣發現到瞋恨的對象不見了，你還要恨什麼？癡也一樣，當迷的對象已經不見了，你要迷什麼？『聞』，就是看的意思；『思』，就是把它想透；『修』，就是離相、安住，安住在離相裡。」

這一過程，師總結為：「由幻知空，由空知無所得，由無所得進入實相。」

般若為一切法之根本，也是破除一切相之利器，在訓練禪修定力與深觀時，須與之時時相應。「你一定要依照『般若波羅蜜多』，不管你怎麼打坐、用功，一定要跟這個『般若』相應，你才能夠解脫束縛。什麼東西束縛你？一是觀念，一是現象。因為現象，束縛了你的觀念；因為觀念，形成了現象，

所以讓自己不自由！我
們任何的問題都在是作
繭自縛，要如何把那個
繭弄掉？全宇宙沒有一
個東西可以破它，只有
『般若』可以破這個玩
意兒。」

　　般若觀法不僅應
用於禪坐時的觀修，更
可活用於行住坐臥的一
切處，念念生起、念念即覺。了知一切如幻，最後進入到「實
相觀」。

　　「像『般若』（觀照）這種修法，在我們日常生活中要
隨時隨保持覺醒力，覺醒力要夠，最重要的是你要從禪修的基
礎做起，（有了基礎禪定力之後）再做這個『觀』。……『般
若』顯現在任何現象裡面，有相、無相它都顯現，所以從這
裡一直觀照下去，就能得到心性上的解脫，靈光獨耀就會出
來。」

　　「法，就是在生活裡見到的『相』，如果起了什麼心，馬
上就觀照。觀照的意思就是覺——覺照。為什麼有些人覺了之
後還會煩惱？因為著相。這個相是什麼？是幻相。修行就是一
直不斷做這種工作，最後就會達到實相。」

　　「修行是在生活裡去觀照，因為如幻觀而達到實相。如幻
就叫般若！」

　　《大品般若經》〈問相品〉云：「般若波羅蜜是諸佛母，

般若波羅蜜能示世間相，是故佛依止是法行。」是故，般若法之修持一以貫之，自理念至實踐，自禪坐至行住坐臥之實際生活中，由聞思修三階段層層深化，於行菩薩道時亦不例外，但凡尋求究竟解脫者皆離不開般若。

師開示說：「一般覺悟者或是得道者，在修道自覺的範圍裡，是把色轉換成空，而菩薩道卻是把空當成色。原本我們是在『空』的成就上，可是菩薩為了讓一切眾生都能成佛，所以把一切眾生當成『有』，這樣才能緣起應化，因此中道的意思是說：色即是空，空即是色。同樣的，現下最好的辦法就是——色空不二。色也好，空也好，通通都不障礙。」

「行菩薩道沒有般若還是不解脫的，你沒有般若觀，就經常在有無、得失裡打轉；若有般若，這裡面就沒有得失。般若裡面就是一個『覺』，以覺為主。」

從修持觀照般若，經不斷觀照、淬煉，長期去身體力行，且於每個因緣時空當中不斷去參，如此最後才可望去除執著而進入實相般若之無二無別。

師云：「其實覺悟是從『緣』來的，每個緣都可觀照，沒有觀照，就沒辦法覺悟。任何的緣都要去參，參它的變化，變化就是無常，就是空。修行是什麼？就是『從思維上突破』、『從覺照上去斷除（煩惱）』。所以什麼是禪？禪就是斷除與去惑（見思惑）的工作。要得到永恆生命的那個靈性，你就要照這個方法去做——要用般若才會有正念、用般若才能了脫生死。」

於靈山骨塔二樓。

觀生死即涅槃

　　師深切觀察到，人們畏怖生死，缺乏安全感，皆因我們未能找回本來之心，及認識世間萬象為無常、苦、空之事實。師言，生死之本質其實如夢如幻，並非實有，生死其實僅是「記憶體」(指「識」；如來藏)中不同視窗開顯及更換之過程。

　　「很多人對生命不了解，所以恐懼生命，不曉得生從何來，也不曉得死從何去……。生命其實是一個記憶體，記憶體從哪裡來？就是從記憶累積而來。我們一切的想法，身、口、意的起心動念，都會成為我們的業，都會變成記憶體儲存的內容，這個記憶體就會成為未來生命的種子，不管好壞，我們都要去收成。每一個人都有記憶，都有意識，因為有意識的關係，所以有種子；因為有種子的關係，所以有變化，這些變化就叫做生跟死……。為什麼會有生死，就是把今生的記憶體換成來生的記憶體，所以人的生死就是一個記憶體的轉換，每一次換記憶體時，就重回到我們的老相識(指不滅的靈性)。所以，生死就是如幻、如夢。」

　　師於多種場合對信眾開示，「一切唯心所造、唯識所顯」，生命即是我們意識心所編織而來的東西，一切起心動念、行善為惡皆儲存於記憶體，此記憶體即是我們輪迴之根據。

　　「人的記憶不只儲存在大腦裡，也儲存在虛空，因為虛空是有生命、靈性的。……我們有大記憶體，也有小記憶體；大的叫如來藏，小的叫八識田，我們可將小記憶體變成大記憶體。所有累生的生命記憶，就是第八識（阿賴耶識）的記憶，

這個識會儲存你每一生的生命檔案⋯⋯。在八識田中，種子是無量無邊的，每個種子就是一個生命，我們就是輪迴在八識田中的這些種子，一直不斷的這個生、那個滅，這就是苦，迷惑於八識田中的輪迴因緣。」

所以，生死乃意識的生滅變化，並非真有死亡這件事。

「我們本來是不生死的，就是因為意識變化才有輪迴。色、受、想、行、識，這些集合起來就成為變動的原因，這些原因造成我們彼此勾稽的色跟想，色跟想又變成下一個受，這個受了以後就又形成變化，這種變化就是一個分別，在裡面就不斷產生『受想行識』的分別，這些分別就造成意識的環扣的原因。因為意識的環扣，就有生命跟生命之間環扣的一種力量（指業力），我們就一直在這裡面流轉生死。意識就像泡沫一樣起滅，『起』叫做生，『滅』叫做死，這種意識的起滅就是一種生滅變化。同樣的，我們身體的生滅，也是意識所呈現的意識體的生滅，不是真的有什麼生滅。」

生命於因果輪迴裡生死交替，無有終始，如要出離輪迴之苦，唯有體證佛法的真理，識得每個人本來具足、不受痛苦生死之靈明覺性，方能轉識成智，過著真實與平實之生活。

「我們都在意識的變化裡面，隨著意識的分別產生不同的苦、不同的煩惱、不同的心思。每一種心思有不同的感受，這些感受都會產生情緒，這些情緒就會造成我們苦樂的變化，所以唯有把這個意識轉換成智慧，我們才能離苦得樂，才能『轉識成智』。如何轉識成智？這就是我們學佛修行的目的。所以我們學佛最重要就是改變自己的觀念，對物質生活的瞭解，要瞭解它的患得患失；對靈性方面的瞭解，要知道它的不變、無

幻、無苦。我們瞭解精神層面，便能夠安住於精神；瞭解物質
層面，便能對物質層面的變化了知其如幻如化。」

　　唯有透過修行與禪修，我們才可找回不受生死變動之靈
明覺性。「生的會死，死的會生，只有我們的靈性不跟生死變
動。靈性是什麼？就是覺性，覺的本質。……所以什麼叫做修
行？就是把你永恆的靈性觀照出來。」

　　修行，不一定在座上，處處皆可修，處處皆是可行菩薩
道、自利利他之處。「佛法最重要的就是正念，就是無上的正
等正覺，是我們要去追求、完成的，到最後，當我們獲得清靜
覺——覺照清靜覺性之後，會發現我們在任何地方都是修行，
任何地方都是自利利他的地方。尤其當我們做利他的事業，也
是用利他的方式來離相——離開我執、自私、貪著，這也是一
種閉關，從這裡也可以得到本來面目的覺照。」

大悲周遍—菩薩道願行

師圓滿出關後，帶領弟子與信眾逐步創建靈鷲山，開展弘法利生之菩薩道志業。靈鷲山無生道場最早之建築體「祖師殿」於1984年落成，它位於法華洞左側，是於師出關前眾人以最節省物力之方式搭建，全以石塊堆砌而成，當師於洞中閉關時，弟子與信眾們即在祖師殿護關與禪修。師將道場命名為「無生」，「無生」意指佛教徒追求的涅槃境界，亦即本來面目之意，師一路從外雙溪到宜蘭，再到福隆靈鷲山，所尋求、體驗的即是「無生之生」。

從內修至外弘，師之一切行持皆以如何利益眾生為出發點。師云：「我看到許多生命的無常，所以忘不掉菩薩道；菩薩道唯一的重點就是不忘失眾生的苦，不忘失菩薩道的慈悲，不忘失佛陀的啟示，然後引導我們開啟智慧，引導身心得到解脫，引導我們生生世世都能是有用的生命。」

菩薩道難行，何謂菩薩道呢？「菩薩道就是開發心性的

在無生道場祖師殿前開示。

空間，圓滿我們的覺性。從開發菩提心當中去除我們內心的私欲，得到無我的淨化。所謂『發菩提心』是什麼意思呢？就是去開發、成就我們的覺性。我們在行菩薩道過程當中，就是在開發我們的覺性，去除私欲，明白無我，淨化所執。從這樣的利他行為中，我們的智慧得到全面的開展。」

弟子法性師回憶，師於出關後，大批信眾不分時段而來，

心道法師與護法會善信於溪頭聯歡。

如一波波潮水，皆是飽受身心之苦的大眾，望師能予以指點迷
津。面對如此日漸增多之信眾，法性師說，師父真正的「苦
行」方才開始。一次，法會結束後，已過了午夜時分，但仍有
一條長長人龍等待師之加持，此時一位弟子催促師趕緊回山休
息，師兩眼一瞪說：「你到底知不知道人家的需要，要回山你
自己回去！」

　　出關弘化時，師明白世人難以了解他的修道，尤其無比艱
苦之頭陀行、塚間修或斷食，於現代人而言簡直為天方夜譚，
而為了接引大眾來修行，唯有將閉關體驗之真理與生活結合，

運用各種利於現代人可接受之方式，再經由道場所舉行之活動作為媒介，例如參加禪修、法會或朝山等活動，引導眾人學佛及將佛法廣傳。

從頭陀行到菩薩道。

• 禪修教育

平安禪

為了便利於一般大眾學習「禪修基礎」，師將自己長年來所修持的「寂靜修」發展為四階段的「平安禪」，於2003年之後，師開始於全省講堂教授「平安禪」。為何要推廣平安禪？因師深切明白，面對當今科技快速發展之資訊社會所帶來之生活壓力，及種種煩躁、憂鬱、恐慌等心理症狀，在在皆需禪修所產生之安定、自然和諧之能量予以轉化。師將其禪修精華融匯成初學者亦可以入手學習之「平安禪」，希望有助於社會和諧與世界之和平。

師於國內外演講開示後皆親自教導「平安禪」，不厭其煩一再說明，透過禪修方可體會寧靜，體會真實的自我無我。「禪修坐得好，對佛法就比較容易了解。我們的心常常流動於忙碌的環境下，但是佛法必須沉靜下來才想得通，那是一種體會，這個體會必須冷靜，由定而生慧。所謂定是安定，安定就是讓自己的心很平穩，然後才有思考的空間。平常我們的習氣很重，貪瞋癡慢疑常常伺機而生，當我們禪修時，它就是一種磨練，學習控制自己，降伏自己的心，讓你的心可進可退。」

更深刻地說，禪修為了解生命實相、了脫生死的基本功夫，只有持續不懈，下足功夫才可體會禪修所帶來之福祉。何以禪修能助我們了脫生死呢？師言：「因為禪修才能真正了解內在的自己，當身體即將死亡時才不會恐怖，因為當對內在的覺受清楚跟明了的時候，就知道外在一切都是假的，內在的自

己才是真的。內在的自己到底是什麼？我們要從禪修裡面去覺悟、去明白。有一件事要明白：當我們離開這個身體時，到底還有沒有自己？」

「禪修就是一種正受，正受就是不變動的，不被其他任何東西影響，也就是說諸法裡面沒有任何可牽引它，在一切的現象裡不備牽引就叫做正受、三昧。我們在寂靜裡面不被干擾，然後慢慢從寂靜的明亮裡點燃心性的光明；如果不透過禪修，就點不燃法性（真如實性）的光明，就會跟著業力去輪迴生死。」

斷食閉關期間於靈鷲山法華洞外。

寂靜修

師於漫長的塚間修與斷食期間，逐漸發展出觀音菩薩耳根圓通法的「寂靜修」（後又發展為「平安禪」）。對於「寂靜修」法門，師開示說：「聽寂靜也就是觀照自己，觀照自己的覺性。」針對此「觀照」，師開示說：「就是觀照心性、觀照覺性、觀照體性。」觀照又分兩個方面，一是「外」的觀照；一是「內」的觀照。「外」的觀照為，「照見世間的無常，然後明白世間一切幻有，慢慢讓心去了知這一切的無常，讓心安定在這個覺照上。」而「觀天地念無常，觀世間念非常」，則為師觀照的心法。「內」的觀照則為「觀照體性、觀照本來面目、觀照我們的心」，總持而為「觀靈覺即菩提」。從對於器世間的無常的覺照，一直到對於靈覺的覺照，從外到內，直到回歸本來，無二無別。

　　對於寂靜修之耳根圓通法，師進一步開示說：「用寂靜修
的耳根圓通方法、反聞聞自性的方法，我們能夠觀照到自己的
覺性，不生不滅的覺性。……所以聽寂靜，就回到當下，不思
維、用耳朵聽、用你的耳朵去接近靈性、用你的耳朵去證悟空
性、用你的耳朵去反聞聞自性。」而在這不斷聆聽寂靜的過程
中，「讓我們的念頭，一直在離開相，用寂靜的方法去離相，
離到最後，身體這個相也不可得，心念那個相也不可得，到最
後你才會看到真正的自己，才不怕身體的衰老、死亡，任何外
在的幻有都不會左右你。禪修，是真正讓你進入這種不生不死
的生命的一種體悟跟證明。你們不禪修，那就沒辦法體會；只
要長期持續做，那一定逐漸逐漸的就會了解。」

　　禪修法門有靜、有動，靜者為「觀照」，觀照自心、體
性；動者亦為「觀照」，觀照我等之行住坐臥、起心動念。
前者以引導之方式，從「寂靜修」之聆聽寧靜而進入覺性的光
明，師言：「用『聽』去還原、用『聽』去如來，『聽』就是
覺性。」後者是以切入的方式，直接契入心性，為臨濟宗風教
法。待觀照入門之後，於動靜之間皆是般若，皆是寂靜，皆是
當下即是。

　　師從1987年開始，為僧俗弟子成立「斷食禪三」精進閉
關；其後尚確立僧眾四季精進閉關，以及每週閉關一日之慣
例，奠定禪門實修宗風。

生活禪

　　除教導弟子坐禪之外，師自出關後，即以身體力行的「實
修」方式來領眾，從每日實際的生活與作務中，教導弟子們於

緊湊步調中來觀心、除習氣，視生活中每一角落皆為覺悟之契機，此實修之教育方式，即師所謂之「生活即福田，工作即修行」之生活禪。

生活禪之重點，即在於日常生活中以平常心來降伏自己，及在一切緣上，以般若觀來發覺自己習氣之不真實，及照見因緣空之道理，從而解脫每一個心念，令其無所攀著，契入覺性。修行不一定在蒲團上，師言：「下座才是上座的開始。」

於面對信眾時，師以慈悲關懷來接引，無論於何種因緣或情境下，皆應機而予教化。

例如，曾有虔誠學佛者稟師，她想開始吃素，已將家中鍋鏟換新，接著連鑽板、菜刀也想更新，問師這樣可好，是否已足夠。師反問：「要不要將你的牙齒也換掉？」

另有一回，一名信眾來無生道場訪師，該信眾曾被師說她做事不夠細心，當日與師同走山路時，她遠遠見路面有一癩狗屎，馬上便跟師說：「師父，您小心，不要踩到狗屎。」自思如此應該可算細心。師聞言後，緩行過去，從附近樹叢下撿拾落葉，再用落葉將狗屎包起，置於路旁行人踩不到之處。整個動作信手拈來、一氣呵成。該信眾站於一旁瞠目無語，後自承受到一堂難忘的教育。

至於行者之間更見處處機鋒，一次，韓國殊眼禪師到靈鷲山訪師。殊眼禪師問：「印度有個靈鷲山，台灣也有一個靈鷲山，哪個才是真的？」師笑答：「分別就是假，不分別就是真。」

‧法脈傳承與交流：三乘即是一佛乘

師從1994年即開始現今之穿著：一襲黃短掛、外披南傳紅袈裟，以及頭戴深紅絨布帽，紀念著漢傳、南傳與藏傳之傳承，以及象徵三乘法脈皆是一佛乘。師言：「三乘就是佛乘，三乘都要成佛，成佛唯一要走的方向就是菩薩道，菩薩道就是自利利他的道路，也就是令眾生開示悟入佛的知見。」

1993年心道法師
於朝聖中禮佛。

於漢傳傳承，師之頭陀苦行，出自於對西天第一代禪宗祖師大迦葉之尊崇與仿傚，雖與台灣習禪法師之修習歷程有異，然一路走來皆以禪為本，用功下手處為「般若觀照」。

師之師承為禪門臨濟宗，臨濟為師出家之佛光山所承續宗門，師並於2007年自深圳弘法寺本煥老和尚納受法脈為臨濟宗第四十五世別傳堂上第二代，號常妙心道禪人。

至於南傳法緣，師出生於南傳佛教古國緬甸，與南傳因緣甚深，於出關後曾回緬數次。1994年，師會見了緬甸佛教領袖烏郭達剌，時其亦為緬甸政府國師，兩人一見如故，烏郭達剌收師為徒，任許其修行；一月後師以大乘佛教徒身分，參加緬甸三藏比丘授證大典。當年十月，師回緬甸受戒，由烏郭國師為師主持授南傳戒法，現場有四十多位各大寺院方丈組成之大比丘僧團，與三十多位宗教及政壇領袖前來尊證。烏郭國師授師「烏古達剌」法名，意為「除障」。此授戒，乃表示師將三乘合一為靈鷲山傳承之始。

師與密乘法緣亦深，最早接觸者為斷食時期的「辟穀法」，依據此法製作斷食期間所服用之百花丸。而於靈骨塔時期，又於定中見密勒日巴尊者授記成佛，並賜名「普仁金剛」。開山後，師陸續邀請密乘各教修行者來山參訪並教授本派修持法門。2001年，師接受寧瑪噶陀派法脈傳承。其緣起為噶陀派傳承者莫札法王，於禪定淨觀中認證師之法脈因緣，確認他為噶陀虹光身成就者「確吉多傑」之轉世，法王授予師「巴吉多傑」法號（意指「吉祥金剛」）。

師不僅接受南傳與藏傳法脈，尚敦請南傳與藏傳佛教行者來山，教授靈鷲山弟子不同派別之修持法門。曾有弟子不解

問師說：「我修您教我的寂靜修，很得力，為何還要去學這麼多的法門？學法不是要一門深入嗎？」師言：「你是為別人而修！你怎知未來碰到的人適合學哪種方法？多學，才可以多教一些人。」師認為，三乘佛法皆為世尊法教全面之示現，因此鼓勵弟子多去學習了解，而不要執守己宗己派，形成了解法教上的侷限。「只要是佛弟子，都應該全部學，而不是學哪一部分就好。雖然生命有限，可是畢竟了解佛的整體是比了解局部還好，因為局部可能會造成對佛法的誤解，就像偏食一樣，造成學佛上的不健康。」

　　師於因緣使然而傳承了三乘法脈，三乘各有其殊勝特質，然師所體現乃禪之時教之禪風。扼要言之，師之傳承乃「以禪觀為基體、以般若為行法、以密乘為方便」。師認為佛法之所以有三乘之分，實因佛法流佈於不同地區時，因其文化習俗差異而呈現出不同側重風貌，然皆出自同一根源，顯而能密，密而能顯，皆為世尊教法之開顯，最終皆以引領我們成就佛道為目的，是以三乘合一，共存共榮。

• 靈山志業

　　如何才能帶動更深廣的學佛善緣，讓更多人有機會投入學習與傳承如來家業？師逐步開展當代教化因緣，除建設道場、教授禪修之外，尚與僧俗弟子商議規劃具體的弘法利生之志業。其中最受人矚目者，即為1989年宣佈籌建「世界宗教博物館」。

世界宗教博物館——宗教對話平台

　　師從內修求證過程中，深刻了知生命實相之和諧本質，每個當下、萬事萬物之呈現，皆為佛智慧之顯現，無外無別，一即一切，萬物皆同歸一源，即《華嚴經》上所云：「一花一世界，一葉一如來」之圓融無礙。惜人們雖然活在如此莊嚴世界，卻讓私慾蒙蔽，無法體會真理，不僅人際之間與世界擾嚷戰亂，人與大自然也分裂成物用關係，從內而外皆失卻和平與寧靜。出自於對宇宙實相之體會，師認為唯有找回內在之寧靜，外在和平始有可能。透過禪修，我們可找回這個由內而外的、當下即是的和平。「我們從禪修內心的和平，到達人與人之間的和平，再到達全世界的人與人之間的和平，這都沒有離開過禪的本位。」

　　「和平」，於師而言，為當今與未來世界最需回應之需求。宗教間之和平將能促進世界之和平。如能尊重了解其他宗教，明白不同宗教共有之救世本懷，世界上各種衝突即可望降低。「宗教與宗教最大問題，就在於彼此都太執著自己，宗教至高無上，產生一種自私的愛，就像世俗裡愛自己妻子、自己

家庭，也是盲目的愛，
對其他宗教造成傷害，
這樣將永無寧日，若我
們能先去除這自私的
愛，明白我們所信仰的
宗教和別的宗教同樣都
在救世、使社會和諧。
這個觀念建立好，我們

1995年十二月世界宗教博物館動土大典。

對其他宗教的傷害心就少，更喜歡彼此交流、共同合作。」

世界宗教博物館的根本目的即為「相互理解，轉化衝突，
創造和平」，至於如何創造和平，師認為我們需要推動生命教
育，以「尊重，包容，博愛」作為所有族群、宗教間互動之倫
理基礎，即尊重每個信仰，包容每個族群，與博愛每個生命。
師認為宗教肩負教育之責，「其實，宗教在整個社會扮演教育
的角色，除了父母、學校的教育以外，就是宗教的教育，宗教
是教育人們有關品德，靈性與生命的道理。」

世界宗教博物館之成立，不僅希望為大眾提供一個了解各
宗教之平台，同時亦推動各宗教間交流互訪之活動，促進一個
「愛與和平地球家」之未來世界。此推動和平之理念，貫穿於
所有宗博館所進行之宗教交流活動，從促成佛教內部「三乘即
是一佛乘」之共存共榮，乃至不同宗教間彼此尊重與了解，皆
本著同一信念，將世界之永續共存視為宗教實踐之共同原點。
「不但我們自己佛教應該是三乘一乘，與其它宗教也要團結在
一起，共同來關懷這個地球村、地球家與全人類。」宗博館之

創館精神於當時尚屬開時代風氣之先，師亦因此於1999年於南非開普敦之「第三屆世界宗教大會」，以及2000年於紐約聯合國總會舉行之「千禧年世界宗教領導和平高峰會議」上接受禮讚，並發表演說與致祈禱文。

　　師於1989年，即出關後四年，開始宣佈籌建世界宗教博物館，在二十餘萬名靈鷲山會員月繳百元贊助金與眾多大功德主之支持下，歷經十二年動員各方專業與海內外信眾之投入，終於2001年於永和開幕。博物館開館前兩個月，發生震驚全球之九一一恐怖攻擊事件，來自全球三十八個國家之一百二十多位宗教、各團體之高層代表，皆於憂心全球安危之氣氛下出席慶賀世界宗教博物館之落成，並籲求宗教團體發揮安定社會與人心之影響力。自2002年後，師代表博物館至世界多國出席由「世界宗教博物館」主辦或合辦之一系列「宗教對談」，希望藉由佛教所扮演之柔性的第三力量，尋求化解世界不同宗教間之矛盾。跨宗教對談活動延續至今，將國際上眾多從事和平活動之組織與個人匯聚一堂，彼此分享經驗並傳續薪火，試圖結合更多夥伴來開創新局。弟子了意師為宗博館籌建與宗教對話活動之主要策劃者，曾於其論文中提及自己從事此活動之心得：「在這樣的交流參訪中，發現到交流與對話並不會削減自我的信仰，反倒更清楚自己的信仰，並從多角度、多面向的認知中，了解自己的定位，知道將往什麼方向走。」

　　建設博物館僅為朝向促進和平之一小步，師認為生命教育與和平教育才是根本，因而於2003年後不斷鼓吹成立「世界宗教大學」，以培育佛教傳教士與和平之工作者。師之願力、視野恢弘，弟子與信眾總在其後緊追，如世界宗教博物館之誕

生，如無師之堅持，博物館之藍圖恐早已埋沒於「佛教徒為何要蓋其他宗教的博物館」之懷疑中。「世界宗教大學」能否成立，或以何種型態成立，考驗著眾多佛弟子能否於此菩薩道上隨師，難行而行之。

華嚴聖山建設：和平的聖山

「發菩提心，行菩薩道」為師對弟子與信眾教育中一再強調之重點，師認為信解行證之修行是生命之根本要務，而修行即是自利利他的過程，最終目的在於讓每個人皆能成佛，如此一來，我們生生世世的生命才有意義。如何將佛法永世傳承下去，始終為師時刻縈繞於心之教育目標。

是故，除世界宗教大學之規劃外，師於2005年宣佈，將靈鷲山規劃成為「悲心周遍、緣起成佛」之華嚴聖山，接引所有人來此，體會心靈之寧靜、學習佛法、植下每個人無盡之成佛善緣。師言，人人平等，人人皆可成佛，每個人只要一念善心，即播下一個成佛之種子。

師言：「『華嚴』就是人人平等，人人可以成佛；『聖山』，就是用這座聖山來淨化人心、造福人群，讓整個生態、環保、文化、修養能夠浸潤到來山的每一個人的內心。」而所謂緣起成佛即指「只要你發願自利利他的這個緣起，那你未來一定成佛」，而每一個當下就是一個緣起，「要讓一切的愛心能夠遍滿我們的生活圈、遍滿我們的空間」，讓大悲心遍於一切，讓所有人都接觸到成佛的種子，成就一個「當下即是」的莊嚴淨土。

華嚴聖山將涵蓋三部份：聖山寺金佛園區、宗教園區與

國際禪修中心，其中心意涵即創造出一座和平之聖山。此三個部分皆是「環扣在一起的，主要都是為了讓心靈得到安定、轉化，讓地球家共生共榮，串連推廣『愛地球、愛和平』這個共識。讓地球平安，人類就平安。因此我們為了安定心靈、愛護地球，而來建設這座華嚴聖山。……我想只有世界融洽，才能夠拯救地球；只有融洽，人心才能快樂。每一個人內心的和平就是世界的和平，所以我們希望呈現的華嚴世界就是在做和平的工作。」

「愛地球」，人類才有永續之未來，此應為不分宗教、不分種族之戮力實踐基礎。師之願行，僅代表一禪者於體會大慈大愛之萬物本有靈性後，而投入覺醒所有有情眾生之菩薩道精神。而此菩薩道非僅限於佛教所有，只要有志一同，為此世界和平盡一份心力者，不問各自信仰與族群為何，皆為現代世界之菩薩道行者。尤其身處當今之世界，資訊氾濫、價值失序與普遍缺乏安定感，我們更需尋回自己心靈之根源。

師於2008年新春勉勵大家：「靈性是我們每個人都擁有的寶藏，靈性與靈性之間是沒有傷害的，這個寶藏的覺醒需要被引導與啟發，當我們覺知內在與外在、自我與他人在靈性上都是生命共同體時，才能推動靈性道德的價值觀來改善這個物化的世界，透過心靈的轉化，使內心安定和諧，進而創造外在和諧。希望大家一起找回這個時代的靈性道德，一同為愛與和平的地球家盡一份心力。」

【註解】

　　[1]關於阿羅漢飛躍水潭，師的回憶如下，其中還述及對神通的看法：
「這是在當游擊隊的時候的一段記憶，尤其對我們的行軍，在紮營的時候
不小心讓我看到的。那是一個湖，小水潭，從那水湖裡面直的這樣飄過，
不是這樣飛的，是直立的走，那是一個和尚。當初沒有什麼感覺，只覺得
他那麼奇怪，為什麼他會這樣子。智慧總是離不開無明，神通總是離不開
迷信啦！探討這種精神層面，它的一個最大的功能是什麼？它有哪種力
量？超現實的，它有一種精神層面。就像我們修道、出家，就是開發另一
種生命的能量，這個生命體，不只作用在僅僅是人的層面的一種知識。我
們離開身體以外，他(生命體)還有一種能量。神通的意義就是：其實呢，
真正要得到這種通，是要經過很多定力的修持才會有，所以不是那麼容易
得來。既然是定力的修持，也就是一種生活，從最紮實的生活來的，而不
是憑空這樣來的。」

　　[2]談及這段師父苦修過程，弟子法性師曾回憶道：「苦行的頂點是來
到福隆，長達兩年的斷食閉關，因每日只喝『大悲水』（就是山泉），幾
個月下來，師父那種瘦的樣子真是只能用『皮包骨』來形容，屁股上的
皮居然可以拉起一尺多高，平常還可摺頁。那年夏天，茗蘭山頂缺水，師
父連這唯一的『道糧』都快要斷了，為了大家生活的需要，師父就出來找
水源（目前大殿內那泓大悲水就是師父找出來的）。拖著一副骨架子，來
砍草、摘枝、開路、移石。有一天，師父因要搬動大石而使盡了僅有的力
氣，整個人癱掉了，他的身體就像洩了氣的皮球一樣，幾乎站不起來，當
我們見到師父手扶枝葉，飄搖、跌撞的回到關房前時，我們的心也疾速的
往下掉。……我們知道，大事來了，浪頭到了！有兩三個星期的時間，師
父都是趴在關房裡面，甚至於我們都認為師父會因此『捨報』而離開我
們！」

師父年譜

西元	年齡	紀事摘要
1948	1	●心道法師生於緬甸臘戌省，俗名楊小生，為家中長男。
1952	4	●父亡於匪亂，與母、妹離散。隨姨父尹湖南四處流浪，打零工維生。
1957	9	●受募軍者以「可入軍隊讀書」之誘引，離家隨軍而行。偶然間，於營區附近目睹一身著紅色袈裟之緬甸僧人，凌空掠過水潭之聖蹟，種下日後想拜阿羅漢學佛問道之心念種子。
1961	13	●隨軍撤退來台，始學世學，熟諳四書五經。
1963	15	●就讀台中新興國小四年級。 ●初聞「觀世音菩薩」聖號，悲欣交集，自此開啟學佛志心，發願茹素。後效法緬甸和尚顯示證道決心，於身手處刺上「吾不成佛誓不休」、「悟性報觀音」及「真如度眾生」等字，並在兩掌背及胸口刺以卍字。同年，受贈一本《觀世音菩薩普門品》，始習誦經，並持續持誦〈大悲咒〉，以效法觀世音菩薩之聞聲救苦為己志。
1964	16	●從常緣法師修習禪坐。興念「今生斷塵沙惑」誓願。考取桃園農校。
1965	17	●轉讀新竹關西初中。
1966	18	●考取桃園龍岡第一士校。
1968	20	●退伍初入社會工作，先後經歷十一種行業，深切體會社會基層生活實況。
1972	24	●同鄉與摯友李逢春病故。決意出家。

西元	年齡	紀事摘要
1973	25	●農曆九月十九觀音菩薩出家日剃度出家，字號慧中，名心道。
1974	26	●八月，借遠光法師外雙溪之蘭花房，修習「頭陀苦行」，鎮日打坐。期間克服孤獨與恐懼，得一偈「月兒寂寂雲默默，悄悄聞得未生香。」
1975	27	●三月，遷至宜蘭礁溪圓明寺，於塚間修行，日中一食，徹夜不寐，每日禪修十八小時以上，以求了卻生死、證道解脫。
1976	28	●圓明寺坍塌後，遷至附近之靈骨塔，繼續塚間修行，以禪定攝持功夫為主。對幽冥界眾生之痛苦，深心悲憫，發願日誦《金剛經》回向塔內孤魂，並發願度脫三惡道罪苦眾生。一日禪坐，覺有一空裸本明，朗朗如日，體悟一切顯現皆由空所衍生，有感而偈：「靈明虛照大千界，寂滅性空體如如。」由此而遠離鬼神與生死之恐懼。 ●於一次禪定深觀中，密勒日巴尊者示現授記，賜法名「普仁金剛」。
1977	29	●輾轉遷往宜蘭礁溪鄉龍潭湖畔墳場一帶修行。後於墳區山坡中搭蓋一丈方之茅棚，名「如幻山房」。
1980	32	●如幻山房初具伽藍規模，訪道者日多。師體悟禪定無法徹底解決苦，由體性修行轉向明心探究，決以死志參究生死，斷除迷惑與苦惱。得一偈云：「體性寂然，虛無體性，常住虛無，不離體相。」同年，開始與藏傳佛教道場結緣。

西元	年齡	紀事摘要
1982	34	●創古仁波切來台弘法，與之會晤。與智敏、慧華等藏傳佛教上師結識，後並得傳辟穀法要、圓滿施食法要、心中心法要。 ●開始陸續斷食，以求斷惑明心。年底，夢見胃被割去，醒後尋思，決定長期斷食閉關。
1983	35	●年初，於寂光寺後山岩壁處斷食，禪修時，輔以辟穀法；二週後，遷至宜蘭員山周武舉人古堡閉關，閉關約六個月，明悟本心，得一偈云：「圓滿寂靜不動尊，無生無滅無涅槃。」 ●四月，輾轉遷至宜蘭貢寮荖蘭山，借拱南宮之普陀巖閉關。 ●中秋，為免干擾再遷入荖蘭山後之法華洞閉關。
1984	36	●年初，為護關，弟子建「祖師殿」。 ●七月十七日（農曆六月十九，觀音菩薩成道日），不到五十坪的大殿落成開光，供奉台灣第一尊左臥佛，靈鷲山無生道場啟建成立。自此僧俗弟子日增。
1985	37	為了去印度朝聖而出關，結束長達兩年之斷食閉關。
1987	39	六月，為僧俗弟子首度啟建「斷食禪三」精進閉關，每年僧眾四季精進閉關之教育規制於此時確立。
1988	40	九月，率僧俗弟子參訪中國四大名山道場，期間並參訪東北、山東等地。
1989	41	●九月，創立「靈鷲山般若文教基金會」；推動宗教文化、傳播、教育文化、休閒文化、博物館等五大志業。 ●宣布籌建「世界宗教博物館」。隨後成立靈鷲山般若文教基金會籌組基金委員會。 ●「靈鷲山護法會」正式成立。

西元	年齡	紀事摘要
1990	42	●首度率團赴歐洲展開博物館考察之行。 ●十月，為促進佛法與當代國際弘化接軌，創立「國際佛學研究中心」。 ●十一月，承續靈山塔時期救度幽冥眾生之悲願，於無生道場啟建首場圓滿施食法會。
1991	43	●二月，噶舉派宗南嘉楚仁波切應邀來山交流，啟建火供法會。 ●三月，於宜蘭羅東首度啟建「萬燈供佛大悲法會」，參與者數千人。 ●六月，應邀赴中國遼寧大連科學研究所參訪，發表「生命的原理」演說；期間參觀松花江博物館。後並赴雲南雞足山朝聖。 ●十月，「靈鷲山世界宗教博物館資訊籌備處」成立；提出「尊重每一個信仰、包容每一個族群、博愛每一個生命」之宗博理念。
1992	44	●九月，為籌建宗教博物館，於板橋體育館啟建首次「舍利心海華嚴大法會」，創新將音樂與舞蹈融入法會文化教育中。 ●十月，舉辦「弘一大師紀念音樂會」。
1993	45	●七月，羅馬天主教樞機主教安霖澤神父等來山，並參訪世界宗教博物館籌備處。 ●八月，於台北市舉辦「世界宗教博物館籌備處」成立大會，各界人士應邀出席，逾三千人與會。

西元	年齡	紀事摘要
1994	46	●二月，赴緬會晤緬甸國師烏郭達剌尊者，參加三藏比丘授證大典。 ●四月，應邀至美國哈佛大學、耶魯大學發表演説，與哈佛大學世界宗教研究中心主任蘇利文教授(Dr. Lawrence E. Sullivan)等學者會晤交流，並指導禪修。 ●六月，應法國跨文化基金會邀請，赴突尼西亞參加「宇宙間不可知的神性」宗教研討會，發表「佛教是如何達到神聖的境界」演説，以實修體驗與各宗教學者分享對談。 ●七月，開始推動「宗教聖典計畫」開各宗教訪問，並受各宗教團體致贈宗教聖典。 ●八月，於台中首度啟建水陸空大法會，法會中特為「千島湖事件」罹難者設位超薦。此後於每年八月舉行一年一度之靈鷲山水陸空大法會。 ●十月，赴緬受阿羅漢戒；四十多位大比丘僧，及三十幾位宗教、政治領袖前來壇場尊證。烏郭達剌尊者授與「烏谷達剌」之法名。 ●十月，於靈鷲山聖山寺首次啟建在家五戒戒會。 ●十一月，泰國康懇法師應邀來山交流，並為僧眾傳授「動中禪」法要。 ●十一月，應邀赴義大利北部參加第六屆世界宗教和平會(WCRP)。包括天主教教宗等七百五十餘位各國之宗教領袖代表應邀與會。 ●十一月，竹巴噶舉派傳承持有者竹千法王應邀來山與心道師父會晤交流，並為僧眾傳授「財神法」、「四加行」、「大手印傳法」等法門。

西元	年齡	紀事摘要
1995	47	●二月，應竹巴噶舉派竹千法王之邀，率團赴印度大吉嶺朝聖。 ●四月，赴美主持靈鷲山紐約道場「One Center」成立記者招待會，並於海外首度啟建「佛陀舍利法會」。後於美東北、東南等州進行宗教參訪，期間並拜會伊斯蘭教蘇菲禪修中心及天主教格林威治禪修中心。 ●五月，於全台舉辦「為籌建世界宗教博物館而跑」活動，參加者達一萬兩千多人。 ●六月，靈鷲山第一個海外講堂印尼雅加達中心成立。
1995	47	●七月，接受德國柏林國家廣播電視台專訪；並邀請國內天主教光啟社、伊斯蘭教、道教、耶穌基督末世聖徒教會代表共同參與。 ●八月，赴俄羅斯考察博物館，並與東正教、薩滿教、藏傳佛教代表就世界宗教博物館之籌設理念與文物設置之議題進行交流。 ●十二月，宗博館台北館於永和動土，卡盧仁波切、俄羅斯佛教總代表Kamb Lama Ayusheev、當任總統等指導單位共計國內外貴賓與善信逾萬人參與。
1996	48	●五月，率團赴中東地區，拜會當地猶太教、基督教、伊斯蘭教、巴哈伊教等宗教團體。 ●九月，土耳其伊斯蘭教總會秘書長Ismail來山訪問。 ●十月，應邀赴泰參加亞洲宗教與和平國際會議(ACRP)。

西元	年齡	紀事摘要
1997	49	●元月，竹巴噶舉派竹山仁波切偕同寧瑪派噶陀傳承之毘盧仁波切來山與心道師父歡喜會晤，並為僧眾傳授「龍欽寧替」、「龍薩寧波」等法門。 ●二月，於靈鷲山無生道場舉辦首次南傳的莫哥(Mogok)禪三。 ●四月，應邀赴英國倫敦參加「國際宗教教育文化顧問中心」舉辦之「五年聖地計畫(The Sacred Land Project)之英國聖喬治日」慶典活動。期間，會見坎布里特大主教。 ●九月，應邀接受土耳其Samanyolu電視台來山採訪，聯合舉辦「宗教對人類與社會之影響」座談會，並邀請台灣各宗教領袖連袂參與。 ●九月，緬甸賓內梭達尊者應邀來山結夏二個月，並為僧眾教授禪修。 ●十月，馬來西亞南傳大師達摩難陀尊者來山參訪。 ●十一月，協助台北市政府與大安區公所舉辦第一屆「世界宗教博覽會」。 ●十二月，率團至印度、尼泊爾展開印度「智慧之旅」，期間拜會竹巴噶舉之第十二世竹千法王，並特別朝禮密勒日巴尊者之修行山洞；後赴緬甸大金塔朝聖。此行師父發願於尊者修行山洞及緬甸大金塔附近各建一國際禪修中心，以提供各方人士一個修行之閉關場所。

西元	年齡	紀事摘要
1998	50	●元月，為提升僧眾對「佛教整體願景與道場建設」之視野，率領僧俗弟子至南投，先後參訪靈巖山寺及中台山，並分別與二位開山住持妙蓮長老、惟覺長老歡喜晤談。 ●三月，土耳其伊斯蘭教組織Zaman應邀來山參訪。 ●六月，緬甸烏依麻刺尊者應邀來山駐錫，並為僧眾傳授「安那般那」、「毘婆舍那」法門。 ●九月，梵帝岡教廷及天主教教宗若望保祿二世頒贈「教宗祝福狀」，肯定世界宗教博物館的理念及精神。 ●十二月，寧瑪派噶陀傳承之毘盧仁波切應邀來山與心道師父會晤交流，期間特為僧眾傳授「大寶伏藏灌頂」。
1999	51	●四月，赴泰弘法，首度於泰國啟建「佛陀舍利供養大法會」；期間，首度會見泰僧王。 ●八月，應邀赴中國北京參訪；期間並拜會承德文物局局長。 ●十月，於全台各地舉行「當生命遇上死亡」九二一震災系列講座。 ●十一月，認養南投國姓育樂國小，挹注重建經費共三千五百萬元。 ●十二月，九二一地震百日，聯合東勢天主教本堂、天主教聖母聖心修女會、一貫道崇正基金會、天帝教等五教代表舉辦「真愛2000祈福點燈活動」，並應邀主持「九二一震災百日追思法會」。

西元	年齡	紀事摘要
1999	51	●十二月，赴南非開普敦參加「第三屆世界宗教會議」，於會中發表〈廿一世紀的佛教〉和〈千禧年的心靈挑戰〉兩篇演說；其中，〈廿一世紀的佛教〉與達賴喇嘛、南非前總統曼德拉之演說被當地媒體譽為三大重要演說。
2000	52	●元月，泰國僧王致贈金佛，肯定世界宗教博物館籌建計畫，並為台灣九二一災民祈福。 ●元月，天主教馬天賜神父陪同梵諦岡教廷駐台代辦易福霖神父等五位耶穌會神父來山參訪。 ●二月，率團赴尼泊爾、泰、緬等地朝聖；期間並拜會毘盧仁波切、泰僧王、緬甸國寶級高僧估巴汶楚及美彭尊者。 ●三月，應邀至北市行天宮擔任天帝教「海內外同胞聯合祭祖大典」之初獻主祭。 ●五月，於泰國曼谷成立靈鷲山曼谷中心。 ●六月，緬甸金三角的美彭尊者來山拜訪心道師父。 ●六月，世界伊斯蘭教聯盟秘書長歐貝德博士(Dr. Abdullah bin Saleh Al-Obaid)於世界宗教博物館籌備處拜會心道師父，會談世界宗教博物館籌建交流事誼。 ●七月，應邀至中國河北柏林寺指導禪修。 ●八月，應邀參加聯合國千禧年世界宗教和平高峰會議，以世界宗教博物館創辦人身份上台作開幕祈禱並發表幕演說，會後受邀加入「聯合國跨宗教和平小組」。

西元	年齡	紀事摘要
2001	53	●元月，被寧瑪派噶陀傳承持有者十九世莫札法王認證為噶陀虹光身成就者「確吉多傑」轉世，並授予法號「巴吉多傑」。 ●元月，「世界伊斯蘭教聯盟」來訪，贈與麥加聖地的天房布幔以及其他重要文物資料。 ●二月，韓國松廣寺住持普成老和尚應邀來山參訪，並為全山僧眾開示參話頭法要。 ●四月，赴日、港，展開世界宗教博物館開館之全球巡迴宣傳活動；並為因應「塔利班政權摧毀巴米揚大佛」事件，舉行「神聖遺蹟保護委員會」記者說明會，千禧年世界和平高峰會秘書長巴瓦·金響應號召。 ●四月，接受聯合國宗教和平會議祕書長巴瓦·金邀請擔任聯合國「千禧年宗教及精神領袖世界和平高峰會」委員會諮詢委員。 ●五月，赴西康寧瑪派噶陀主寺阿日札寺參加坐床傳承大典。 ●六月，出訪美國，傳達世界宗教博物館理念及開館訊息；接受路透新聞網、俄羅斯電視台、藝術新聞雜誌等媒體專訪，並與世界紀念物基金副總裁約翰·史都柏(John Stubbs)等會談。 ●十一月，「世界宗教博物館」於台北永和開幕。一百廿多位來自卅八個國家宗教、政治領袖及專業人士代表參加與會。並宣布當日為「世界宗教和諧日」，由與會代表發起共同宣言。

西元	年齡	紀事摘要
2002	54	●三月上旬於美國哥倫比亞大學舉辦首場「回佛對談」，主題為「找到共識‧共謀和平」。隨後於紐約One Center舉行911祈福會與心靈禪修，並至聖保羅教堂為罹難者祈福。 ●四月，寧瑪派噶陀傳承持有者莫札法王委由毘盧仁波切來山主持「心道法師陞座大典」，心道師父領受寧瑪派噶陀傳承認證證書。 ●四月，世界佛教僧伽會會長淨心長老應邀，率領東南亞各國之佛教長老及法師參訪宗博館。 ●五月，赴港召開「聖蹟保護委員會」記者說明會，率先捐出一百萬港幣予阿富汗政府重建巴米揚大佛。 ●五月，於馬來西亞吉隆坡舉辦回佛對談，主題為「立足亞洲‧放眼天下──全球化運動在亞洲」。 ●五月，率團赴北京、黃山、九華山等地朝聖交流，並應邀參訪北京中國佛學院，發表「新世紀的佛教」演說。 ●6月，應邀赴泰國曼谷參加「世界宗教領袖會議」。 ●七月，於印尼雅加達舉辦回佛對談，主題為「靈性全球化」。期間，並舉辦「千禧年青年宗教交流對談」。 ●八月，於紐約創辦「愛與和平地球家(Global Family for Love and Peace)」非營利組織。 ●九月，以「愛與和平地球家」創辦人身份應邀參加聯合國第五十五屆NGO年會；於「九一一週年紀念」中與聯合國秘書長安南等代表同台祈福。 ●十月，於緬甸仰光和平塔主持「靈鷲山緬甸閉關中心」破土儀式。

西元	年齡	紀事摘要
2003	55	●元月，赴靈鷲山泰國講堂主持開光法會。 ●四月，於宜蘭羅東運動公園舉辦首屆萬人禪修，對大眾宣導禪修利益。原本預定為一屆活動，因響應者眾，日後一年舉辦一次。 ●五月，於巴黎「聯合國教科文組織中心」主辦回佛對談，主題為「全球倫理與善治」。 ●六月，泰僧王承諾贈予「帊帕布奇拉那金佛——成功佛」，特赴泰國參加金佛鑄鎔大典。 ●九月，以「愛與和平地球家」創辦人身份應邀參加聯合國第五十六屆非政府組織(NGO)年會；並於會中發表「宗教對談對和平的貢獻」演說。 ●九月，於無生道場成立靈鷲山三乘佛學院。 ●十二月，應邀赴西班牙參加首屆由以利亞跨宗教學院(Elijah Interfaith Institute)主辦之國際會議，研討主題為「從敵意到善意」。
2004	56	●二月，少林寺方永信法師率「河南佛教少林寺功夫訪問團」來山參訪。 ●二月，應邀先後赴美國麻省理工學院、耶魯大學發表演說，並帶領當地學生禪修。 ●四月，以「聖者」身分受邀前赴印度烏堅聖城參加「大壺節(Maha Qumbha Mela)」及莊嚴的「洗足典禮」。 ●四月，應邀赴伊朗參加「摩塔哈里(Motahari)思想研究」國際會議，發表「宗教對話如何看待不同宗教者」演說；隨後參加「回佛對談」跨宗教會議。

西元	年齡	紀事摘要
2004	56	●七月，赴巴塞隆納參加第三屆世界宗教會議，並於會中舉行「回佛對談」跨宗教會議。 ●八月，於北京與中國社會科學院聯合舉辦「全球化進程中的宗教文化與宗教研究」海峽兩岸學術研討會，於開幕中發表「覺醒的力量：華嚴世界觀與全球化展望」演說。 ●十一月，於世界宗教博物館參加「超越道德之上，宗教在推動倫理上所扮演的角色」座談；與全球倫理基金會代表瑪麗亞・萊斯博士等國內外學者專家與談。 ●十一月，與Goldin Institutefor Partnership and Peace共同主辦2004年夥伴城市(partner cities)國際會議──「靈性與生態永續：水──我們共同的根源」宗教論壇。
2005	57	●元旦，為南亞海嘯事件發起「宗教聯合勸募」活動，與一貫道總會、台灣基督教長老教會總會、天主教明愛會、中華天帝教總會、巴哈伊教台灣總會、中國伊斯蘭教協會、中華道教總會以及中國佛教會等九宗教團體，共同募款，為受災國之一的為斯里蘭卡搭蓋一千棟可永久居住之「愛心屋」。 ●元月，寧瑪派噶陀傳承之毘盧仁波切傳授「大寶伏藏灌頂」，修法圓滿。

西元	年齡	紀事摘要
2005	57	●六月，偕基督教長老教會林信道牧師、一貫道蕭家振秘書長、天帝教蔡哲夫教授赴斯里蘭卡參加「台灣九大宗教捐獻南亞大海嘯斯里蘭卡愛心屋」啟用典禮；並獲頒斯里蘭卡國家最高榮譽「弘揚佛法貢獻卓越獎」。 ●八月，接受斯里蘭卡致贈象徵正法正覺之「摩訶菩提樹」幼苗；並於無生道場主持「菩提樹子」聖植大典。 ●八月，獲印度伊斯蘭教組織「宗教交流和諧基金會」頒贈「穆提拉尼赫魯和平‧包容和諧獎」。 ●九月，首次應邀赴北京大學訪問，並發表「從本地風光到華嚴世界」演說。
2006	58	●二月，不忍眾生苦、不忍聖教衰，於無生道場斷食閉關一年，日僅食「蜜巖」及大悲水。 ●三月，緬甸國家電致獲頒緬甸國家最高榮譽「弘揚佛法卓越貢獻獎」。
2007	59	●元月，寧碼派噶陀傳承之莫札法王來山，交流閉關修行心得。 ●二月，閉關屆滿一年，圓滿出關。 ●四月，於緬甸仰光靈鷲山法成就寺主持開光大典。 ●六月，應德國Eenst Freiberger基金會邀請赴慕尼黑參加「靜坐與啟發」研討會，會後並參訪慕尼黑大學。 ●九月，應「全球文化論壇」（Universal Forum of Culture）之邀，赴墨西哥蒙特雷參加第二屆「全球文化論壇」，在開幕活動中帶領近萬名與會者念誦經文及致詞。

西元	年齡	紀事摘要
2007	59	●十月，率僧俗二眾赴中國北京、武漢、深圳等地弘法演說。應北京大學光華管理學院之邀，發表「寂靜管理──『管理』從心開始」與「喜歡生命──從喜歡生命創造美好人生」兩場演說。 ●十月，自深圳弘法寺住持本煥老和尚納受法脈為臨濟宗第四十五世別傳堂上第二代傳人，號常妙心道禪人。 ●十一月，赴印度阿木里查參加第三屆以利亞會議，會議研討主題為「智慧」。 ●十二月，於靈鷲山金佛園區啟建「開啟和平聖世──靈鷲山金佛園區和平聖典」，與泰國僧王寺副住持梵摩尼僧長共同主持。
2008	60	●元月，發起「百萬大悲咒」回向受中國大雪災之侵襲的災區與其居民。 ●二月，接受「生活藝術國際中心(The Art of Living International Centre）」之邀，赴印度班格羅（Bangalore）參加「吠陀哲學（吠檀多）及佛教──促進全球和平會議」，並發表「倫理與和平經驗」演說。 ●四月，於台北市大安森林公園舉辦「全民寧靜運動──萬人禪修」，以「093平安禪」帶領大眾沈澱身心、體驗寧靜之自性。 ●五月，因緬甸發生熱帶氣漩引起大水災，立即與中華民國搜救總隊等一行攜帶救災物資進入災區，為緬甸政府於受災初期唯一開放接受的國外慈善團體。

西元	年齡	紀事摘要
2008	60	●五月，因中國大陸發生四川大地震，進入災區與當地宗教團體溝通未來災區重建的工作計畫。 ●五月，赴蒙古烏蘭巴托（Ulaanbaatar）參加「當代佛教在蒙古未來的發展與挑戰」國際會議，發表「蒙古佛教與現代意義」演說，並與蒙古總統恩赫巴亞爾(Nambaryn Enkhbayar)會晤。 ●六月，舉辦「2008年全球化與靈性傳統暨第八屆回佛對話國際會議」，由世界宗教博物館與政治大學國際事務學院合辦，會議於政大與世界宗教博物館舉行，此為「回佛對談」首次在台進行。 ●七月，應世界伊斯蘭聯盟（The Muslim World League）邀請，赴西班牙馬德里參加「各大宗教對話國際論壇」。

2000年心道法師於聯合國「千禧年世界宗教領導和平高峰會議」祈禱。

貳

法脈傳承篇

前言

　　心道法師於因緣使然而傳承了三乘法脈，三乘各有其殊勝特質，師之傳承乃以世尊實相緣起法教之圓融思想為其教化因緣，所體現者乃禪之時教禪風。扼要言之，師之傳承乃「以禪觀為基體、以般若為行法、以密乘為方便」。佛法雖有三乘之分，然皆出自同一根源，顯而能密，密而能顯，皆為世尊教法

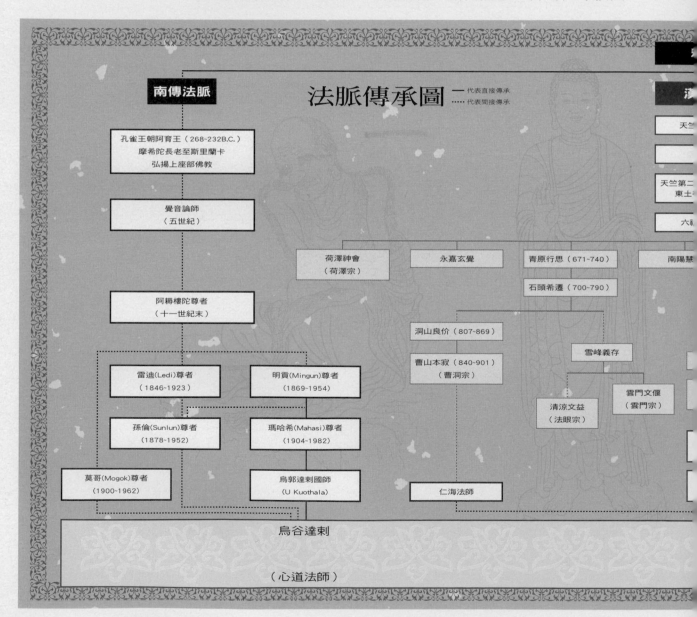

法脈傳承圖　── 代表直接傳承　…… 代表間接傳承

南傳法脈

孔雀王朝阿育王（268-232B.C.）
摩希陀長老至斯里蘭卡
弘揚上座部佛教

覺音論師
（五世紀）

阿耨樓陀尊者
（十一世紀末）

雷迪(Ledi)尊者
（1846-1923）

明貢(Mingun)尊者
（1869-1954）

孫倫(Sunlun)尊者
（1878-1952）

瑪哈希(Mahasi)尊者
（1904-1982）

莫哥(Mogok)尊者
（1900-1962）

烏郭達剌國師
（U Kuothala）

仁海法師

荷澤神會
（荷澤宗）

永嘉玄覺

青原行思（671~740）

南陽慧

石頭希遷（700~790）

洞山良价（807-869）

曹山本寂（840-901）
（曹洞宗）

雪峰義存

清涼文益
（法眼宗）

雲門文偃
（雲門宗）

天竺

天竺第二
東土

六祖

烏谷達剌

（心道法師）

之開顯，最終皆以引領我們成就佛道為目的，是以三乘合一，
共存共榮。

　　靈鷲山與三乘法脈的傳承，概如「法脈傳承圖」所示，並
於本書第112頁末附有大圖。

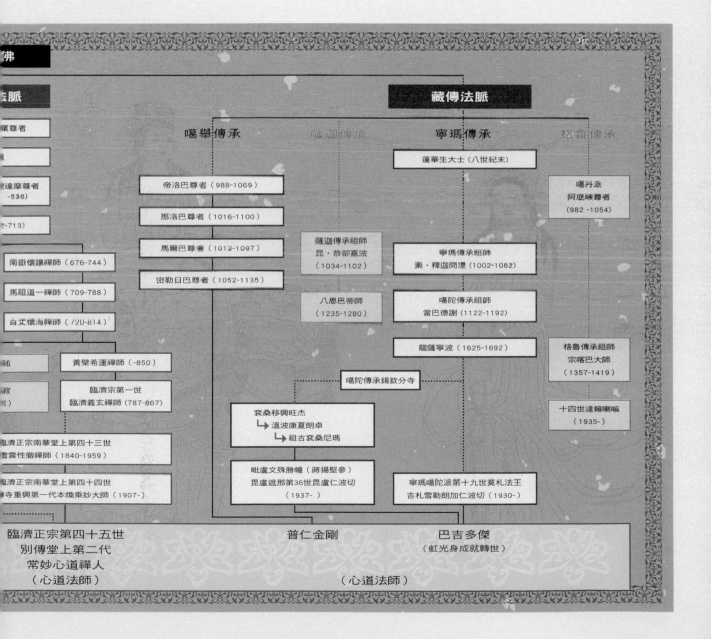

漢傳法脈

心道法師的修行歷程，從十五歲開始習禪打坐，二十五歲出家，經過十二年獨參、塚間修與斷食閉關，一直到三十七歲出關以來的菩薩道行，皆以觀世音菩薩之聞聲救苦為職志，而於頭陀苦行，尚仿傚西天第一代禪宗祖師大迦葉、密勒日巴尊者與近代虛雲老和尚為學習典範。這種由苦行到菩薩道的「迴小向大」過程，特別是苦行，雖然與台灣習見的修行方式不太一致，然而一路走來，心道法師皆以禪修為本，觀照緣起、證悟本來。

法師之修行，上承禪門臨濟宗，臨濟為法師出家依止的佛光山所承續的宗門，並於2007年在深圳弘法寺，於方丈本煥長老處受法為臨濟宗第四十五世傳人。以下就臨濟傳承略加說明。

本煥長老付與心道法師之臨濟宗傳承書文。

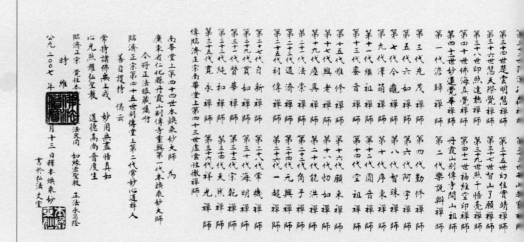

・臨濟法脈

今人所說的法脈傳承，即是古人所謂的傳法與受法。傳法，是對行者領悟真理的印可。第一次傳法，據說是發生在印度靈鷲山頂，一次上座，佛陀當眾拈花默然不語，大眾皆不了解其意，唯有摩訶迦葉破顏微笑，於是世尊當眾宣說：「吾有正法眼藏，涅槃妙心，實相無相，微妙法門，不立文字，教外別傳，付囑摩訶迦葉。」然後將自己的袈裟給大迦葉，這故事也許是中國禪門所杜撰，但它日後變成禪宗師徒之間一種特別的傳法模式，不經由文字，直接「以心印心」。中國禪宗代代連綿不斷的宗譜，從大迦葉尊者到西元六世紀東渡中國的菩提達摩，菩提達摩成為中國禪宗的初祖。此後五世紀間，禪宗一花開五葉，禪師們不再單傳獨授，而開始傳法給一位以上的弟子，於是禪宗內才衍生出派別。

心道法師所承為曹溪南華寺的臨濟法脈。臨濟為禪宗五宗之一，六祖慧能下傳至第六代義玄（？～867），義玄得黃檗希運禪師印可後，到鎮州滹沱河邊建立臨濟院，廣接徒眾。

心道法師於靈骨塔外牆手書三觀經偈，為般若觀修法訣。

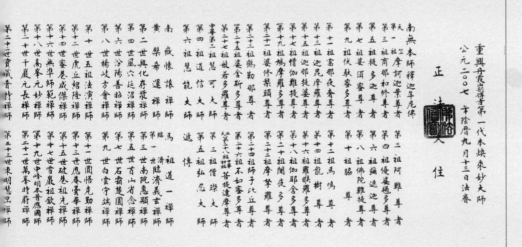

史稱臨濟宗門的特色為機風峻烈、單刀直入，如《五家宗旨纂要》說：「臨濟家風，全機大用，棒喝齊施，虎驟龍奔，星馳電掣。」從義玄用棒喝，到宗杲的提倡看話頭，都是用迅雷不及掩耳的手段或言句，掃除情見，使學人頓然省悟。在五家宗派中，以臨濟在中國禪宗史上傳承最久、最盛，北宋時，又演化成黃龍與楊岐兩派。其勢力與影響之大，自古有「臨天下」之稱，直至當今，臨濟之徒仍遍佈天下。

臨濟第四十三世傳人為虛雲老和尚。禪門風氣於明清以來漸衰，唯獨臨濟香火尚存，老和尚不忍中土佛教凋敝、祖庭零落，於是致力重興雲南雞足山雲棲寺、廣東曹溪南華寺、光孝寺、雲門開宗道場，及江西雲居山重興雲居祖庭真如寺。老和尚一生致力於紹繼聖種，傳法曹洞、兼嗣臨濟、重興雲門、扶持法眼、延續**溈**仰，興建大小梵剎數十，重建古塔十餘座，四眾弟子前後得戒者一萬多人，皈依者高達一百多萬。老和尚的禪觀、苦修、行誼、操守，深受世人推崇，為近代中國禪宗的代表人物。1959年圓寂於雲居山，世壽一二○。

虛雲老和尚付臨濟法脈於本煥長老。長老於1930年出家，時年廿三，早年隨來果禪師習禪七年，深受來果禪師器重。隨後禮五臺山，掛單期間刺指以血為墨，抄寫佛經廿餘萬字。後曾閉關三年，並閱覽大藏經。1948年虛雲老和尚付囑臨濟法脈於長老，為臨濟南華堂第四十四世傳人。1949年，長老就任南華寺方丈，虛雲老和尚不顧一百一十一歲高齡，步行百里為他送座，顯見老和尚對長老的期許。長老曾任廣州光孝寺和黃梅四祖正覺禪寺方丈，現除弘法寺外，還兼任廣東仁化丹霞山別傳寺等五座寺廟的方丈。長老一生奉獻佛教，精勤修持，於

2007年心道法師自本煥長老納受臨濟法脈。

今一百餘高齡仍以坐禪代臥，夙夜匪懈，實為人尊仰的一代高僧。

　　本煥長老於2007年十月於弘法寺付法於心道法師，為臨濟宗第四十五世別傳堂上第二代，號常妙心道禪人，傳法偈云：「常持諸佛無上戒，妙用無盡悟真如，心光照耀弘聖教，道德高上普度生。」長老於傳法儀式中勉勵心道法師：「要有虛雲老和尚才有我，要有我今天才有你，所以這要一代一代的繼續傳下去。……你是個有大菩提心的人才，在國際上很有威望、很不錯，尤其在台灣，有你的道場，所以今天換你來接法，我覺得很好。這也是緣，弟子的緣，這個緣是過去多生多劫有的緣，過去有這個好的因，今生才有這個好的果。」

・禪風

心道法師傳承禪宗法脈，日後更廣納南傳與藏傳法教，以三乘之長而教化四眾弟子，從道場規劃、設立叢林制度到教育弟子的風格，可謂「不繫一法，融會貫通」。

師從靈山塔塚間修期間開始收第一名在家弟子，到成立道場廣收僧俗二眾以來，教育僧眾與接引學人的風格始終如一，皆以生活當下、無處非禪的態度，對大眾隨機逗教。初出關時，師常於禪定攝受中，不善言語，如有所問，常僅一句，如電光石火，直指人心。根據早期出家弟子所述，師於此時相貌清瘦，態度嚴峻，嚴格要求弟子每日坐禪八小時以上，其餘時間讀經與從事簡陋道場的作務。

之後，信眾與弟子日多，開始規劃建設道場，師常日以繼夜接眾、開示或至家庭普照關懷。於1989年般若文教基金會成立之後，設定每週一的封山閉關與每季的禪七或禪十之精進禪風。靈鷲山禪風可歸納如下：

平安禪

平安禪是靈鷲山接引初機學禪的法門，它包含四個階段。（一）調息：深度呼吸。（二）淨心觀照：觀心。（三）覺知出入息：觀呼吸。（四）聆聽寂靜：寂靜修。此四種修法，除第一種為調身之法，其餘三種皆可單一深入而證悟，行者可單一修或二門修或三門同修。前三階段之目的為由粗至細漸次調理身心，至收攝狀態，導引學人開始聆聽寂靜，進入寂靜修之真實體驗過程。

寂靜修

　　寂靜修禪法乃靈鷲山禪風之最勝處，入寶山不可空手回之法寶。此法為師於十多年塚間苦行，所參悟之法門，是經由將觀照禪法淬煉簡化，再融入耳根圓通的觀音法門而成。師言，此法門可以「方便大眾學習禪修，讓大家在禪法的修學上能夠迅速地得定，迅速地放鬆，是一條直達明心見性的寬廣大道。」

　　什麼是寂靜修呢？為何是耳根圓通法門呢？師解釋：「寂靜修也是觀音菩薩的法脈，是觀音菩薩的耳根圓通的法門。什麼是觀音菩薩的耳根法門？耳根是用耳朵，『根』就是聽、『識』就是分別。耳朵聽到任何聲音，好好壞壞，好聽不好聽，都叫做分別。而根只有聽的作用，沒有任何的分別；如果你有分別，就落入『識』，落入『識』的分別就不是耳根圓通的修法。這在《楞嚴經》裡記載得非常詳細。」透過無分別的聆聽，去聆聽安靜、寧靜，認識到自己的靈性，從而使得我們內在獲得安定與和平，去享有無罣礙的生命的奇蹟。

　　「什麼叫聆聽寂靜，就是無『所緣』，沒有任何對象的去聽這個寂靜，安安靜靜地去聽，然後讓你的內心慢慢進入安靜、平靜，然後慢慢的內心會越來越光明，產生內在的一種快樂。……內在的這種心性，它是一個無止盡的快樂。這是什麼快樂呢？是一種沒有任何負擔，沒有任何恐懼，沒有任何貪執，它是一個讓我們能夠無罣無礙的一種生命的奇蹟。」

　　自從1984年靈鷲山無生道場創建前後，師即個別教授弟子寂靜修，到了1991年，開始在禪三、禪七的教學中加以運用此

法，但一直未對外普遍推廣，因為這種「聆聽寂靜」的方式，對於初學者而言有其相當難度。一直到師於2003年，師再將寂靜修發展導入為四階段禪法，也就是「平安禪」之後，才正式於國內各分區講堂與國際間普遍推廣。

師認為，當今社會之所以亂象叢生，是因為心不安、心的貪執造成群眾彼此之間不安，尤其再加上無國界之分的資訊氾濫，更令人無法安住，種種憂鬱、煩躁、恐慌等心理問題愈形愈烈，所以我們更需要找回靈性，找回心的根本，才能這將些世紀性的躁動病狀予以轉化與釋放。

那麼，要如何找回心的安定？師言：「最重要的就是追求靈性的安定，靈性的安定要從寂靜開始，因為當我們的心寂靜下來之後，慾望就不會一直飛揚奔跑，心的慾望減少了，靈性

靈鷲山僧眾於觀音殿前禪修。

的安靜就增多，靈性的安靜增多了，我們的心靈就會平安，就
會產生很大的和平、安定的力量。」

　　師常年在國內外教導禪修時，總會強調「愛與和平地球
家」的觀念。師認為唯有找回內在的寧靜，外在和平始有可
能，透過禪修，我們可找回這個由內而外的、當下即是的和
平。個人透過禪修所得到的清淨磁場，可由內而外的擴散出
來，創造出愛與和平的社會與世界，師言：「平安禪是帶給我
們心靈和平、家庭和平，因為只要你安靜、沒有衝突矛盾、內
心沒有無明火、沒有迷惑、沒有貪念，那麼就內心和平、家庭
和平，你的感受是和平的，這樣，對社會的感受和諧了、國家
的感受圓融了，世界的感受就會充滿愛與和平。所以我們修平
安禪是帶給自己安定、和平，帶給家庭、帶給社會、帶給國家
平安，帶給整個的世界安定。」

參話頭

　　參話頭，是禪師引導學人專注一心、破除分別、見性成佛
的一種看似平常卻又難以把握的方法，需要有修有證者方能使
用此種方教導徒眾，方不致以盲引盲。宗門下有許多公案都是
古德參禪話頭開悟後留下來的語言。

　　靈鷲山心道師父以參話頭為主持靈鷲山僧伽委員會成員閉
關禪七所用之法門。此外，也偶或以話頭交付具根器弟子，令
其時時攝心、觀照、提話頭、起疑情，由觀照自己的覺知，導
入找尋「什麼是我們的本來面目」等應機之話頭，藉此不斷將
自我執著放下，安住本來、徹見本性。

生活禪

　　修行不只在坐禪，師認為修行即是觀心，行住作臥、觸目遇緣都是禪，都是讓人解脫與開悟的機會。師勉勵大眾，行菩薩道即是修行，修行就是要從嚴謹的工作生活中，以般若空觀來照見自己習氣的不真實，剝落層層的執著，令心無所攀著。這種結合生活、工作與修行的「生活禪」，師開示其精神為：「工作即修行，生活即福田」。

　　「工作即修行，生活即福田」成為「生活禪」的應用觀念。只有從念念不忘觀照自我，降伏累世習氣過程中，行者才能有冷暖自知的體驗。師言，生命就是記憶體，眾生帶著多生的記憶前來投胎，此生善惡緣終了之時，又帶著新造作的業識輪迴而去，直到成佛之前終無有盡，所以我們要從生活中隨機應緣與眾生廣植善緣，儲存善的藏識，成就未來生生世世良好的生命循環，直至圓滿成佛，所以稱「生活即福田」；而在實踐行菩薩道的過程，就是一再降伏自心的考驗，將工作、生活與修行三者合一，時時觀照自心，層層剝除我執，轉識成智，契入般若空性、當下安住。

隨機逗教

　　古來禪宗祖師大德，於接化弟子時，多以隨機逗教方式來杜絕他們的妄識，或者棒打、或者大喝，或以啟人疑情的文句來點撥對方，破除執迷。心道法師從出關後收受四眾門徒以來，也是任運隨緣，以逗教方式來教育大眾，深具臨濟宗門大機大用的風格。出關早期，師的逗教偏向於棒喝。例如師的侍

者，常當眾被辱罵，羞至耳根，苦不堪言，甚至覺得已經毫無師徒之情。弟子們往往要到數年後才慢慢學會調心，懂得穿越責罵的言語而看到自心的無常變化，真正看到師的慈悲憐憫。曾有弟子問師，為何要對弟子這麼「兇」，師言：「出家人是不講自尊的，反而還要破除這層我執。」因為我們累世的習氣就如「鍋垢」，「天天洗，天天乾淨；天天不洗，想洗就難。」

到了門徒與信眾廣增之後，弟子們得到師以一對一棒喝調教的機會較少，但一場場機會教育仍不時出現，師常以扼要言句，應機應根給予啟發，也許不若棒喝的兇猛，但啟人疑情，或掃蕩妄識、令人頓感清涼的力量不曾稍減。在法教公案與珠璣集裡，弟子紀錄了一些師直指人心的開示，可為師帶領四眾的風格的註腳。無論師所用是棒喝、話頭、警語，或是直接的身教，他在行住坐臥、語默動靜的教化無非都是引動、觸發大眾的心性之門，以開啟每個人本有的智慧明燈。

隨機逗教一景。

南傳法脈

心道法師出生於南傳佛教國家——緬甸,雖然在十三歲時就因為戰亂的緣故來台定居,但於幼年所接觸的人、事與環境,皆仍深植腦海,尤其是在九歲時,師親眼目睹羅漢飛行的聖蹟,尤其難忘,在師心中就埋下了要在此世學佛、修道、成就的種子。

・緣起

當師於1993年再次踏上緬甸,朝禮佛教聖地時,距離師在1960年離開緬甸,已相隔三十餘年。在這次的朝聖之旅中,認識當時的緬甸國師烏郭達剌。由此因緣,在1994年,烏郭達剌國師邀請師再次訪問緬甸,並表示要為師授以南傳戒法。師本著「南傳、藏傳、漢傳都是佛陀的教法,都是成佛之道」的信念,於該年前往緬甸,在四十五位緬甸大比丘,及三十幾位宗教界與政界領袖的尊證下,烏郭達剌國師親自為師傳授戒法,其時,眾長老於七佛戒壇,口誦巴利文,授具足

烏郭達剌國師為心道法師傳授南傳戒法。

南傳受戒證書。

戒，場面十分殊勝。國師授法師「烏谷達剌(U Ku Tha Qla)」法名，為「除障」之意。即此因緣，開啟了靈鷲山教團日後傳承三乘佛法的契機。

此次緬甸受戒之行，不僅代表南傳佛教界肯定心道法師在佛法上的修持；也是靈鷲山教團傳承、弘揚南傳佛教的開始。法師因此次受戒因緣，改穿南傳袈裟，以提醒自身為人天福田，當念茲在茲。

烏郭達剌國師學法於瑪哈希尊者（Mahasi Sayadaw），瑪哈希尊者為近代南傳佛教大師。1954年佛教史第六次的經典結集，尊者即擔任第一次經典結集之「質詢者」(Interrogator and Examiner—Chattha Sanghiti Pucchaka)，及三藏經典最後審定人之一。尊者不僅精通巴利三藏，卅七歲獲得「最高巴利佛學博士(Thiri Pavara Dhammacariya)」頭銜，於禪修教學上更是一代宗師。他極力推展教理、修行、觀慧平衡，積極弘揚佛陀所親自教導的慧觀——四念處[2]，尊者認為如果沒有止觀或戒定慧兼俱的四念處，則五根、五力無法平衡，七覺支不能開展，八正道亦不能成就。尊者一生致力於推廣四念處內觀禪，現今在

緬甸及全球各地有多處教授其禪修法的「瑪哈希禪修中心」，無數來自世界各地的無數修行者均來此中心學習毘婆舍那禪法。

　　除參學馬哈喜禪法之外，法師亦前往緬甸北部拜會最受緬甸人民尊崇的達馬樣尊者。達馬樣尊者被全緬甸人視為已獲得阿羅漢果的成就者，尊者與法師相見甚歡，臨別時，尊者贈送法師南傳袈裟，推崇法師的道業成就。此次會晤，兩位成就者建立起深厚的友誼，每年靈鷲山教團舉辦緬甸朝聖之旅，心道法師總會特地前往拜會尊者，直至尊者於2003年圓寂。

　　此後，為傳承南傳佛教的禪法，師數度派遣弟子到緬甸仰光的瑪哈希（Mahasi）、莫哥（Mogok）、孫倫（Sunlun）等禪修中心參學。三位尊者所倡導的禪法，雖有入手處、派別的不同，但都是依循佛陀親傳「四念處」法之教導，讓行者證入涅槃的法門。南傳佛教的禪法次第分明，讓初學者十分容易入手，尤其是呼吸法，因為腹部起伏的目標較大，容易觀照，也不易掉入昏沈，所以馬哈喜尊者鼓勵初學者以觀照呼吸時腹部的起伏為主要所緣。師亦曾說：「佛陀也是從呼吸法證悟、得

心道法師拜訪緬甸
達馬樣尊者。

1996年心道法師率弟子至緬甸拜訪烏依麻賴尊者。

道。可見得呼吸法是一個非常普遍，而且快速的方法。」

　　自1994年師受南傳戒法以來，師先後邀請成就之禪修大師
至靈鷲山無生道場安居，並為僧眾傳授「安那般那」與「毘婆
舍那」等禪法。除此，靈鷲山於師帶領下，年年前往南傳國家
朝聖、參學、研究、供養萬僧，並拜會南傳佛教尊者、長老，
包括泰國僧王智護尊者、美彭尊者、烏郭達剌國師、阿魯多比
國師、阿姜通、阿姜摩訶布瓦等諸大長老，交流彼此對佛法的
體證，吸收南傳教學的精要，作為靈鷲山廣弘三乘法教、傳承
佛陀志業的基礎。

・南傳佛教傳承

　　南傳佛教又稱上座部佛教，分布於今斯里蘭卡、緬甸、泰國、柬埔寨、寮國等國。南傳佛教之肇始，始於佛滅後兩個多世紀，即印度賢君阿育王派遣其子摩哂陀長老將印度本土佛教傳入斯里蘭卡，並建立僧團。而後幾個世紀至於今日，緬、泰與斯等國佛教彼此流布，各自形成完整的僧團，並建立寺院，也有完整僧伽教育制度。

　　佛經最早並沒有文字流傳，佛陀的教說由僧伽們背誦下來，為確定大家記憶的內容沒有誤差，由僧伽長老們集合一處共誦經文並確認之，如此稱為「結集」，再由結集者分開傳給下一代。南傳佛教用巴利語流傳，直到西元前一世紀，才有真正的文字留下，而後南傳國家經過六次的經典結集，在巴利典籍方面除了完備的經律論三藏，還有帙卷浩繁的注釋書、複注、史書、文法書等，為傳承佛陀法教的寶庫。

　　基本而言，南傳佛教於實踐佛陀法教時有兩個佛傳承，即禪修傳統，及古典經院傳統。經院傳統是指對於教典、教理之制度化學習的系統，在南傳主要國家皆有三藏學院或佛教大學，以及完整的分級考試制度，禪修傳統所依據為五部尼柯耶（類似漢傳阿含部經典）與覺音據古經疏編撰的《清淨道論》中講解的多種禪修方法，但更普遍的，當屬「內觀禪」，也就是中國古譯佛經中記載的「毗婆舍那」。「內觀」是指對於自己剎那變化的身心現象如實地觀察，從中獲得無常、苦、無我的直觀認識，而終至不受後有、寂靜涅槃。南傳佛教在禪修理論與教學上具有次第嚴謹之特色，最主要者為止觀禪修。

「止」（奢摩他，samatha）即讓自己心念專一的技巧，讓自己身心從外而內完全沈靜下來，使心不受外界一切事物的打擾，回到原本的自己；「觀」（毗婆奢那，vipasyana），即一種認識與剖析的功夫，對自己內在身心與世間萬象，及其互相之間的一切關係作用去做細膩的分析，分析解剖到最後，會對於萬事萬物及彼我之間的相互關係的真實狀況，產生直觀的了解，最後從中得到究竟解脫。

南傳上座部之特質在於保持原始佛教傳統，嚴守佛陀時代留下的戒律，如托缽乞食、過午不食、雨季安居、不蓄鬚髮、不碰觸金銀貨幣、布薩、結界，甚至嚴格的也有持守頭陀苦行等等。南傳與漢傳佛教於修持重點與生活上雖有不同，例如一般普遍認為，漢傳重視「菩薩道」的實踐，而南傳趣向於斷除煩惱的「解脫道」。儘管有這些不同之處，漢傳、南傳乃為佛陀教說的不同顯現，於三法印、四聖諦、八聖道、十二因緣觀與強調禪修等實踐修行上皆為一佛道，無分南北。況且現代的南傳國家亦開始走向菩薩道的社會實踐，而漢傳佛教亦更加重視日常禪修，南北之間的交流較以往尤為頻密，實有助於吸取各家之長，而廣學弘化。

· 靈鷲山與南傳國家的交流

多年來，靈鷲山持續舉行至緬甸、泰國、斯里蘭卡等南傳佛教國家的聖地朝聖，同時拜會當地佛教領袖與團體，互相交流對佛陀教法的體證，汲取南設傳法教的精華，並多次行供萬僧，為漢傳與南傳廣結生生世世法緣。

緬甸

從1993年心道法師回到緬甸朝聖開始，靈鷲山教團每年都在心道法師的帶領下，赴緬甸朝聖，並供養僧侶。到了2002年開始，每年擴大舉辦「供萬僧朝聖之旅」；2002年的供萬僧朝聖之旅，拜會阿魯多比國師，資助國師興建佛教大學；以及關懷緬甸兒童的照護與教育問題，資助緬甸婦女暨兒童福利協會（Myanmar Maternal and Child Welfare）。

心道法師在1994年接受南傳戒法後，就發願要在緬甸成立「國際禪修中心」，提供修行人禪修、閉關的地方，並做為靈鷲山教團傳承南傳佛教的據點。歷經八年的籌畫與興建，「靈鷲山緬甸國際禪修中心」，即「法成就寺」，在2007年四月七日開光成立。它位於著名的仰光大金塔旁，交通便利，未來不僅為一禪修中心，也是靈鷲山在緬推展「佛國種子」計畫的機構所在。「佛國種子」教育計畫包括：包括：「大雨托兒所計畫」、「弄曼修行農場」、「佛國種子獎助學金計畫」、「僧伽高等教育留學計畫」等。同時提供生活、教育、職訓、公眾醫療、社區農場等，把佛法結合社會服務，協助當地孤兒學習自給自足，脫離貧困循環，進一步可以幫助更多的人，逐步落

實「愛、和平、地球家」的理念。

為感念心道法師的弘揚、奉獻精神，緬甸政府於2006年特地頒贈法師國家榮譽一級獎章——「國家最高榮譽弘揚佛法貢獻卓越獎」的殊榮。頒獎典禮在緬甸和平石窟舉行，和平石窟是1956年佛教史上第六次結集的地方，選擇此地頒獎，具有傳承加被的意義。

泰國

1999年時，靈鷲山教團在泰國曼谷啟建「佛陀舍利法會」，心道法師親臨主持，藉著這次機會心道法師至僧王寺拜會僧王智護尊者（H. H. Somdet Phra Nyanasamvara），來自不同國度的兩位大

心道法師拜訪泰國僧皇智護尊者。

師雖然必須透過翻譯才能交談，卻仍能透過表情與肢體語言的溝通而相談甚歡。席間，僧王談及與法師有宿世因緣，是故承諾今生要在推動佛教團結與宗教和平之路上共同努力。為此，僧王特別將原為泰王祝壽賀禮的釋迦牟尼金佛轉贈法師，肯定心道法師從事世界各宗教交流、對話，開啟宗教和平共存的願力與成就。而泰國蒲美蓬國王（Bhumibol Adulyadej）聽聞法師與僧王的夙世因緣，亦尊榮法師在法上的體悟以及弘揚佛法的

2003年恭迎泰國成功佛於靈鷲山水陸空大法會現場。

成就，加贈靈鷲山一尊銅佛。

　　2003年，在泰國王室同意下，僧王再度致贈靈鷲山教團帕前亞叻(Phra Phutta Chinarat)金佛，中文名為「成功佛」。成功佛的歷史甚為久遠，始於七百年前，泰國王室曾同時鑄造三尊金佛，供皇宮王族供奉之用；其中兩尊金佛順利迎回皇宮供奉，成功佛則因為種種因緣留在鑄造地，供民眾供奉禮拜，數

百年來深受全泰人民的尊仰。到了2005年，僧王再次同意複製
鑄造供奉在皇宮中的另外兩尊金佛，以致贈靈鷲山教團供奉，
這兩尊金佛分別名為「平安佛」、「圓滿佛」。此金佛三兄弟
預定供奉在福隆火車站旁的靈鷲山無生道場分院──聖山寺，
做為主祀佛像。七百年前在泰國鑄造的三尊金佛，因故未能供
奉在同一寺院中，反倒在七百年後，在遠隔重洋的台灣靈鷲山
相聚一起，共同受到民眾的禮拜供養，這也是台、泰兩國佛教
交流中難得的奇妙因緣與歷史盛事。

斯里蘭卡

　　2004年底南亞地區發生了芮氏規模7.8的大地震，地震引
發的海嘯重創印度洋周圍的島嶼，其中斯里蘭卡沿岸地區更受
到海嘯的肆虐，數十萬人家園一夕摧毀，數萬人傷亡。心道法
師聯合台灣各大宗教團體，共同組織一個跨宗教救援系統，包
括天主教、基督教、伊斯蘭教、道教及佛教等宗教團體共同投
入援助斯里蘭卡災民的行動。為了更進一步照顧改善斯里蘭卡
災民以及貧農的生活，靈鷲山教團每年啟建的水陸空大法會的
放生法會，更在斯里蘭卡以捐贈貧農耕作用牛隻的「放牛」方
式，取代歷年的放生儀式。這樣的放生儀式不但圓滿法會的儀
軌，讓牛隻逃過被屠宰的命運，也可幫助農民改善生活。

　　心道法師行菩薩道的願力及與傳承南傳佛教法脈的宏願，
以及帶領靈鷲山援助斯里蘭卡受災民眾的事蹟，獲得斯里蘭卡
國家及人民的感念，因此，於2005年的靈鷲山水陸法會，斯里
蘭卡兩位高僧護送經過斯里蘭卡政府的同意與祝福的「斯里摩
訶菩提樹」樹苗來到台灣，贈予靈鷲山。「斯里摩訶菩提樹」

是西元前三世紀佛陀悟道時禪坐於下的菩提樹第三代分枝，代
表佛陀教法的傳承。斯里蘭卡政府與佛教界致贈「斯里摩訶菩
提樹」苗予靈鷲山，除感謝靈鷲山在海嘯災難中伸出援手，也
肯定師於弘揚佛法上的貢獻。同年，師還到斯里蘭卡首都可倫
坡附近的安比利匹提亞(Embilipitiya)，接受斯里蘭卡國家最高
佛教榮譽「弘揚佛法貢獻卓越獎」，在斯里蘭卡總理摩新達
（Mahinda）及眾多佛教與政界元老的觀禮祝賀下，表彰師積
極弘法佈教的奉獻。

2005年，代表佛陀正法的「摩訶菩提樹」的第三代分枝，由斯里蘭卡國家
最高寺院——斯里摩訶菩提寺贈與，由該寺高僧及索比托長老護送來台致
贈靈鷲山心道法師。

藏傳法脈

師與密乘法緣亦深，雖在修持上全部得力於禪與般若，但密法的口訣，實有助於對般若的認識。師最早接觸的密法為斷食時期的「辟穀法」；稍後，於靈骨塔時期又於定中見密勒日巴尊者授記成佛，尊者以手摩師頭頂說道：「你要相信自己是佛」並賜號「普仁」；以及於如幻山房時期，曾與諾那精舍的智敏、慧華上師結緣。

・緣起

到了靈鷲山後，師與密法因緣更形成熟，開山之後二十多年間，師以各教派教法平等無二、以法為師的態度，多次親自邀約金剛乘各派大師、仁波切至無生道場授課、傳法、灌頂。密乘教派中許多重要的修行者皆受師之親自邀約來山參訪與教授密法，其中，與靈鷲山法緣最深者為寧瑪派與噶舉派，包括噶瑪噶舉派一世卡魯仁波切、一世卡魯仁波切轉世的二世卡魯仁波切、噶瑪噶舉派創古仁波切、噶舉派堪布卡特仁波切、噶舉派德頌仁波切、寧瑪派的貝瑪才旺仁波切、竹巴噶舉傳承持有者第十二世竹千仁波切、以及竹千仁波切的父親——寧瑪噶陀傳承的第三十六世毘盧仁波切（貝瑪堅贊）。

其中，傳授密乘法門予靈鷲山者，包括噶瑪噶舉派一世卡魯仁波切曾灌頂傳授「時輪金剛」，並授心道法師法名「無畏」；噶舉派堪布卡特仁波切傳授「大手印止觀」、「唯識」和「中陰度亡」；噶舉派德頌仁波切來山傳授「蓮華生大士上師相應法」和「入中論」；寧瑪派的貝瑪才旺仁波切傳授「大圓滿虛幻休息禪定法」；竹巴噶舉傳承持有者竹千仁波切傳授「大手印前行灌頂教授」和「財神法」；以及寧瑪噶陀傳承的毘盧仁波切完整傳授了「龍欽寧替」、「龍薩寧波」和「大寶伏藏灌頂」等極為寶貴大法。

1976年，心道法師於靈骨塔苦修時期，密勒日巴尊者於其禪觀中示現，為法師摩頂授記，並賜號「普仁」，開示：「你要相信自己是佛。」

·藏傳佛教寧瑪噶陀傳承

　　藏傳佛教雖分為寧瑪、薩迦、格魯、噶舉四大教派，其根源都是來自於釋迦牟尼佛清淨無染的正法。其中最古老傳承者為寧瑪派。「寧瑪」，藏語之意為「古」或「舊」，該派主要教法都是傳承自朗達瑪滅法前所譯傳的經典和伏藏傳承，特別注重修習「大圓滿法」。

　　寧瑪派在藏傳佛教後弘期初較為分散，無固定寺院或嚴格的僧伽組織，至十一世紀「三素爾」[3]（zur gsum）家族的祖孫三代的百年間，才漸漸形成教派，至於其寺院，則在十六～十七世紀間才出現。他們依據蓮花生入藏所傳密咒及所遺伏藏修習流傳，整理經典，建立寺院，開展較具規模的研習經典與傳法活動。初期並無派別名稱，直至後弘期其他派別形成後，因寧瑪派遵循舊譯教法，相對後弘期教派以新譯經典為主，因此被稱之為寧瑪派。

　　寧瑪派教法在西藏弘揚至今已有一千二百多年的歷史，其法脈傳承較著名的有六大金剛道場，即雪域東邊之噶陀和白玉二寺、西邊之多傑箚和敏卓林二寺、中間之協慶和佐欽二寺等，合稱寧瑪派六大祖庭（母寺），其中又以十二世紀建於甘孜的「噶陀寺」為最古老的寺院，被稱為寧瑪祖寺。

　　寧瑪派法教傳承中以《大圓滿法》為獨有的殊勝伏藏法。寧瑪派判顯密教法為三根九乘，因果兩類。因類包括聲聞乘、獨覺乘、菩薩乘，為鈍根人所修法；果乘由外密和內密組成，外密三乘是事部、行部、瑜伽部，為中根人所修法；摩訶瑜伽（大瑜伽）、阿努瑜伽（無比瑜伽）和阿底瑜伽（無上瑜伽

或極瑜伽）為內三乘，是利根人所修法。摩訶瑜伽相當於生起次第法，阿努瑜伽相當於圓滿次第法，阿底瑜伽相當於大圓滿法。大圓滿的修法又分三部：即心部、界部和要門部（口訣部），寧瑪派最為注重修習大圓滿法，主張心體本淨，三身圓滿，本自具足，透過漸修與頓修的方式，清淨業障與累世垢染，如此則可契入本性，得金剛虹體，證得佛智。

　　大圓滿教法與中國的禪有甚深淵源，相對於禪宗教學一路破到底的方式，大圓滿教法亦強調回復本來面目，主張從實修中有系統、次第地達到體悟心體本淨，輔以從實存、具相的「有」去觀想，以及如法儀軌、咒文持念等方便導引進入修行，了知一切現象皆是本心妙用，心與妙用都是空，終至大圓滿境界。於大圓滿的修行過程中，可謂展現了禪宗直指人心與密教次第修證的結合，是藏傳法教傳承中極為殊勝的珍寶。

　　寧瑪噶陀派的創立始於西元1159年，該年噶陀宗師當巴德謝尊者建立噶陀寺。當巴德謝尊者生於1122年，被視為是文殊菩薩的化身，九歲便在吉祥法輪寺學經律論三藏。廿四歲，在菩提垂秋辛給地方出家，名智慧師子，學習大圓滿生起、圓滿次第、氣脈明點等教法。廿九歲，其上師蔣頓巴便預言他會成就虹光化身，指示他到蓮化生大士修行地噶陀地方去弘教，並說日後必有十萬個以上的弟子得虹光化身，成立教派。於1159年建噶陀寺後，尊者於1162年，設立講經院、進修院等，教導無數弟子，直至1192年圓寂。

　　噶陀道場除噶陀寺以外還有八大分寺，其中最著名的有錫欽喀瑪密咒興教林（簡稱錫欽寺）、惹瓊彌勒林、達澤恩修林、綽秋大樂林、諒絨達格竹對寺、寂滅寺、素拉奔寺、扎拉

寺等八座大寺，這是噶陀主寺以外的八大分寺，各寺又各有其分寺多所，由八大分寺所分衍出去，有三百多座，直至現今依舊法派綿延。傳法予靈鷲山的噶陀派第三十六世毘盧仁波切，其駐錫之寺院即是八大分寺中的錫欽寺。

2007年莫札法王來山訪師。

● 靈鷲山之寧瑪噶陀傳承

在與藏傳佛教的交流中，師與噶舉派以及寧瑪派噶陀的法緣尤其深厚，最後還正式傳承了寧瑪噶陀派的法脈。

其因緣為，1995年毘盧仁波切隨同其子竹千法王至靈鷲山訪師，自此與師結下深厚法緣。毘魯仁波切被視為毘盧遮那佛的化現，為寧瑪噶陀派傳承第三十六世持有者，他也是十九世莫札法王之弟。自1997年起開始連續七年，毘盧仁波切為師及靈鷲山僧眾傳授寧瑪派即身成佛無上法門「龍欽寧體」法藏的完整灌頂口傳，以

2001年，心道法師於西康接受寧瑪噶陀傳承虹光身成就者之認證，貝瑪才旺仁波切（圖中後者）親臨傳授大圓滿心印。

及傳授噶陀派大圓滿即身成就虹光身「龍薩寧波」的法教；此外也完整傳授了傳授寧瑪派至聖法要，即所有伏藏的精華——《大寶伏藏》的灌頂與傳承。現今，要敦請如仁波切可圓滿主持大寶伏藏灌頂的修行者，已相當難得。仁波切對於《大寶伏藏》等共、不共密法，完全傾囊相授，如在精緻的寶瓶灌注了珍貴金液般的密法，成就了靈鷲山的金剛乘法脈傳承，同時，也代表於台灣正式傳承了已在西藏流傳八百多年的寧瑪噶陀法脈。師曾讚嘆寧瑪法脈中出了許多虹光身成就者，開示說：

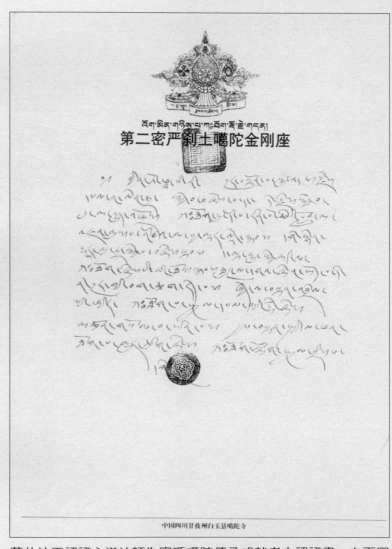

第二密严刹土噶陀金刚座

中国四川甘孜州白玉县噶陀寺

莫札法王認證心道法師為寧瑪噶陀傳承成就者之認證書，左頁圖為藏文，右頁圖為其中文譯文。

吉祥金剛認證函

依己愚見，心道法師昔時於佛祖示寂後，在印度那蘭陀寺持達瑪穆扎居士之身相，經轉數世後，亦在噶陀寺之十萬虹光身當中，顯主修「經、幻、心」行者相名為多傑，依此因緣當他聞得噶陀寺名時，即生喜悅心而欲前往之。本人認為是憶起故土之兆也，特此予其噶陀巴吉多傑之名號。

今已至行緣起之時，因本人路途遙遠等因素，故委託胞弟毘盧仁波切前往執行，賜您蓮花帽一頂、披單和法裙一套、身語意之所依等，以潔白真絲哈達為導首而供養之，意謂陞座噶陀寺無畏師法床，希望能為弘揚佛教與修復噶陀寺工程立下功勳。

長壽願文

噶陀巴之美譽遍世界

巴吉多傑度眾得安樂

諸有緣眾置於極樂剎

祈請達瑪穆扎居士前

當今名為心道法師者

持有顯密法相之傳承

令使佛教昌盛於十方

祈願長壽安住百劫際

此乃水馬年（壬午）新年一月初一吉日時分
先譯寧瑪巴噶陀寺莫扎活佛

2002年莫札法王委由毘盧仁波切親臨靈鷲山為心道法師主持寧瑪噶陀傳承陞座大典。

「這是能讓很多人集體成就的法，很殊勝。」

除此之外，師於2001年接受寧瑪噶陀派傳承持有者十九世莫札法王的認證傳承。其緣起為莫札法王於禪定淨觀中清楚確認師之法脈因緣，顯示師為噶陀虹光身成就者「確吉多傑」之轉世。法王授予師「巴吉多傑」法號，意指「吉祥金剛」。當年五月，師前往西康噶陀主寺，在貝瑪才旺仁波切的見證下，以及現場三千位喇嘛觀禮中，接受了噶陀傳承的祝福與加持。

2002年4月，莫札法王委由毘盧仁波切親自到靈鷲山主持傳承陞座法會，師正式受領莫札法王交付之虹光身成就轉世認證書。毘盧仁波切於陞座儀式中簡述噶陀教派史時提到陞座大典的意義：

南傳法脈

```
孔雀王朝阿育王（268~232B.C.）
摩希陀長老至斯里蘭卡
弘揚上座部佛教
```

```
覺音論師
（五世紀）
```

```
荷澤神會
（荷澤宗）
```

```
阿耨樓陀尊者
（十一世紀末）
```

```
雷迪(Ledi)尊者
（1846~1923）
```

```
明貢(Mingun)尊者
（1869~1954）
```

```
孫倫(Sunlun)尊者
（1878~1952）
```

```
瑪哈希(Mahasi)尊者
（1904~1982）
```

```
莫哥(Mogok)尊者
（1900~1962）
```

```
烏郭達剌國師
（U Kuothala）
```

烏谷達剌

（心道法師）

承圖 —— 代表直接傳承
.... 代表間接傳承

漢傳禪

天竺第一祖摩

天竺二十

天竺第二十八祖
東土初祖

六祖慧能大師

永嘉玄覺	青原行思（671~740）	南陽慧忠
	石頭希遷（700~790）	

洞山良价（807~869）

雪峰義存

曹山本寂（840~901）
（曹洞宗）

瀉

雲門文偃
（雲門宗）

仰
（瀉

清涼文益
（法眼宗）

仁海法師

丹霞山

　　「今日所舉辦陞座大典的意義為何？是由當今寧瑪派噶陀領袖莫札法王，去年見到了昆盧仁波切時曾經提到，心道法師總體來說是佛教的大師，特別是我們寧瑪派噶陀傳承的持有者，前世曾是噶陀法教修行的成就者，莫札法王於淨觀、禪定以及清淨的夢境當中，都顯示心道法師前一世是噶陀修行的成就者，因此有必要做一個正式的認證。」

　　此次陞座法會不僅認證師為發大願力的修行者，更重要的意義為三乘合一的菩薩道在靈鷲山無生道場圓滿呈現，讓四眾弟子可以在此精進學習，圓滿廣大菩提心。

·以密為用

　　自從得受諸密法之後，師即修持不斷，而靈鷲山法師們受師影響，亦將密法納入每日功課，勤加修習，例如持咒、修護法、修四加行，以及隨從因緣而深入專修某些個別法門。此外，靈鷲山還集結歷年來所受之傳法法本，加以翻譯，以便日後以中文傳授密法。除此，近年來靈鷲山還開始從事翻譯吉美林巴祖師（仁珍晉美郎巴）所著之《功德藏》講解集，《功德藏》為詳述寧瑪九乘教法精華的經典著作，將之編譯為具次第之學習教材後，可利學子對三乘佛法之全面理解。

　　除僧眾修習藏傳佛教大行者所傳授的密法之外，靈鷲山每年尚舉行如下的藏傳法會，以供大眾修學。

大悲度亡圓滿施食法會

　　當年，師初聞觀音聖號，即深受感動，決意要效法觀音菩薩「聞聲救苦」的精神普濟有情。而後在塚間苦行時期，常聞靈骨塔內傳來陣陣哭聲，如細針刺心耳，淒厲酸楚，師深深感知幽冥眾生的痛苦無助，生大悲憫心，每日持誦〈大悲咒〉與《金剛經》迴向塔內孤魂，並發願來日修道有成即超度他們。直到無生道場成立，師為超度這些亡靈，每月親自主法「圓滿施食」，並立願修持圓滿大施食百次。

　　「圓滿施食」為靈鷲山總本山每月固定舉行的殊勝修法，於法會中由師主法，集結心念力量，令六道眾生轉化心念、除迷惑、貪執、瞋恚，得以懺悔夙世冤債，超薦亡靈，令其離苦得樂、清涼解脫。

　　百次大施食法會於1999年圓滿。同年，於一百〇八位護法弟子恭請求法之下，師允諾未來將繼續主持「圓滿施食」。2004年四月，師開始主持殊勝之「大悲度亡圓滿施食」。此法為師傳承寧瑪噶陀法脈以後，以寧瑪噶陀法傳承持有者的傳承加持力，結合師父自塚間修以來的大悲願力，以及與大眾共修的力量，誓為六道有情除障超薦、證入心性。於法會中，在師父帶領主法下，大眾與師父一起為亡者的冤親債主施食，消除亡者生前及死時之障礙罪障，並為亡者祈求皈依三寶，洗淨其習氣、垢染，及斷除三毒、六道苦與六道門，最後令其神識遷入大悲觀音尊，成為觀音之眷屬，終至究竟解脫。

財神法會

　　每年新春期間，無生道場皆舉行多場盛大的法會，其中莊嚴隆盛的財神法會是與信眾結緣的最佳方便，以此接引更多的信眾進入佛門，學習佛法。財神法會的舉辦，皆邀請成就之仁波切、喇嘛來主法，許多信眾也在新春期間專程至道場參加法會，供養、持誦財寶天王的名號及〈財神咒〉，並將修法功德迴向一切眾生，使大眾不僅生活能平安順利，也能啟發智慧，遠離煩惱火宅。在法會誦經的功德利益加持下，啟發每一位聞法者的布施心，因此，修財神法門不僅可以以具相的法會接引信眾，學習發起布施心，也引導每個人安住於慈、悲、喜、捨的修持心念。

薈供

　　薈供又稱薈供輪。薈供就是善緣具足，具足四種事業──

息災、增益、懷攝、除障的殊勝修法，是快速積聚福慧資糧的殊勝修法。所謂「薈」字有三方面的含義：一、瑜伽行者聚集在一起修法；二、祈請上師、本尊、空行、護法至壇城集會；三、召集山神、土地、鬼神、六道父母有情、冤親債主到壇城集會。薈供修法中陳設供品上供諸佛菩薩，下施六道眾生，稱之為「供」。因此可以說，薈供就是在清淨的佛堂及壇城前，擺設食物、水果、鮮花等供品，經由成就上師及僧眾修法加持，轉換成殊勝圓滿之無量五妙欲供品，再迎請淨土諸佛菩薩、極樂世界的阿彌陀佛、觀音菩薩、大勢至菩薩，以及六道眾生、護法眾等降臨壇城，納受享用供品；而修法者則懺悔自己無始以來所犯戒律等罪過，祈請消除所有病痛災難、煩惱及所知等業障，成就福慧增長、障礙消除、脫離魔難等福報。

　　一般而言，在靈鷲山教團所舉辦的法會中，只要是舉行密法本尊修法儀軌，都會修持薈供，如每月的圓滿施食結束後，及新年萬佛年燈等特定日期皆舉行盛大薈供。另外，還有在各個講堂不定期舉行的觀音薈供及每月的初十、二十五在無生道場的薈供，都是因為滿懷對蓮師、空行母及諸佛菩薩的感恩及自身的罪業懺悔，而在每一場的修供觀想中融為一味，成為一味的三昧薈供，不論是修法僧眾或一切法界眾生都可在薈供中增福增慧，息增懷誅，安定而喜悅。

　　上述幾項法會之進行皆遵循相關金剛乘傳承之法本，而期望能將其殊勝如實地在法會、儀軌上一一重現，進而學習佛法的慈悲跟智慧，堅固菩提心，不僅修法的僧眾能學習，更能藉著法會的機緣，將此善緣傳遞給一切眾生，讓眾生發願成佛，不墮三惡道，不墮六道輪迴，了脫生死，證悟佛法的究竟。

【註解】

[1] 《楞嚴經》卷六：「爾時觀世音菩薩即從座起。頂禮佛足而白佛言。世尊憶念我昔無數恒河沙劫。於時有佛出現於世名觀世音。我於彼佛發菩提心。彼佛教我從聞思修。入三摩地。初於聞中。入流亡所。所入既寂。動靜二相了然不生。如是漸增。聞所聞盡。盡聞不住。覺所覺空。空覺極圓。空所空滅。生滅既滅。寂滅現前。忽然超越世出世間。十方圓明獲二殊勝。一者上合十方諸佛本妙覺心。與佛如來同一慈力。二者下合十方一切六道眾生。與諸眾生同一悲仰。」

[2] 《大念處經》中，佛云：「諸比丘！為眾生之清淨、為度憂悲、為滅苦惱、為得真理、為證涅槃，唯一趣向道，即四念處。如何為四念處？諸比丘！比丘於此，於身觀身而住，精勤，正知正念，捨離世間之欲貪、苦惱。於受觀受而住，精勤，正知正念，捨離世間之欲貪、苦惱。於心觀心而住，精勤，正知正念，捨離世間之欲貪、苦惱。於法觀法而住，精勤，正知正念，捨離世間之欲貪、苦惱。」（《漢譯南傳大藏經》卷七，長部經典二，〈大念處經〉，台灣元亨寺漢譯南傳大藏經編譯委員會）

[3] 「素爾」為藏族之一大家族名稱，此三素爾指素爾波且釋迦炯內（1002～1062）、素爾波且迥喜饒扎巴（1014～1074），與素爾波且釋迦僧格（1074～1134）。

[4] 寧瑪派相當重視伏藏的傳承，認為伏藏是如摩尼寶般珍貴的獨特法要，也是寧瑪派教法相當重要的部份；其中，龍欽寧體（或稱為龍欽心髓）法藏是寧瑪派大圓滿教法中之無上法寶，是大伏藏師吉美林巴（即：無畏洲）所取出之伏藏法門，是寧瑪派中最為普遍、共通者的法要；由被認證為蓮師的二位弟子合一應機度化眾生的化身，出生在1625年的著名伏藏大師龍薩寧波所取出的法要，被稱為「龍薩寧波」；而《大寶伏藏》則是從西藏第一伏藏師桑傑喇嘛至秋吉林巴之間所有百餘位伏藏大師所得的伏藏經藏彙集的藏傳佛教巨著，內容博大精深，是伏藏的總集。

公案珠璣篇

公案

珠璣集

公案

平等

　　道場成立初期，一日，山上來了數名嚼檳榔大漢，指名要見師父說要「討教」。現場眾人皆欲護衛師父，多加拖延阻撓。然師毫不遲疑邀請眾人前往小閣，以茶點招待。觀此情景，一弟子心生疑念，想說師父一介大德，何許人也，為何需要跟這些人和在一起？不久，見師在閣內轉身面朝門口，對裡面的眾人似乎回答什麼說：「大家都一樣、平等。」門外弟子頓覺臉頰上一片火熱。

真假瑪瑙念珠

　　師常致贈來山訪客結緣平安禮，以為結緣。一日，侍者發現其中一批致贈國外法師之瑪瑙念珠為贗品，立即慌忙稟師，並問說：「師父，那批全送走了，怎辦？」師答：「我們真心為它念咒加持，假的也會成真，不然真的也會是假。」

等待

　　一位著名的國外自然音樂創作者兼歌手，一日偕其友人首次來山，與師會晤後相談甚歡，音樂家問師：「什麼是最好聽的歌？」師答：「聆聽，是最好聽的歌。」對方聽後當場拿出所攜帶的吉他，表示要為大家獻唱一曲。而於等候調弦時，熱鬧的氣氛頓時冷場，此時，師問音樂家：「最美的聲音是什麼？」他一時答不出，師才緩緩說：「等待。」音樂家回國之後，遭逢生平的創作低潮期，對此完全在人生行程計畫之外的打擊，痛苦不堪，一日，忽然憶及師當時所說的話，逐漸了解話中之意，轉而用全新的態度面對自己的低潮──「等待，是最美的聲音。」

誰磨墨

　　一日，師允諾信眾贈送題字，侍者便回到師寮房磨墨，因太累，邊磨邊打瞌睡，連手都滑入墨池，回神後連忙趕緊擦拭。此時，師方進入屋內，朝內望了一眼，弟子即了解無論擦拭與否，師皆了然一切。待師走進桌前時，問說：「磨墨的是誰？」此時，深夜山中唯聞山中蛙鳴與山下的海浪拍岸，弟子身心收攝，繼續磨墨，身心頓時進入墨與水的交融一體，不覺時間推移，正享受當下之時，忽然又聽聞師似從遠處說：「好了！」

豬

　　有一剛出家弟子屢遭執事主管法師糾正、譴責，煩惱不堪。某天，在大殿之前遇見師父，對師訴說委屈，師良久未語，只循著大殿旁的岩緩步而行，突然停下來說：「真是一隻豬！」弟子聞言更感委屈說：「師父，您要罵人就直說好了，為什麼說我是豬！」師說：「我又不是說你，我是說它！」弟子不解，便趨前看著師所指的大石塊，撥開上面覆蓋的雜草之下，果然有塊形如豬頭的岩石。剎時之間，豬取代了煩惱，而原本煩著什麼弟子自己也忘了。

過去生

　　師於閉關期間，偶而有信眾來山請法，日久外間便傳聞這裡有個和尚能「通」。一日，又有信眾聞風而至，隔著竹圍，掩口低聲地問師：「我很想知道我的過去生是什麼，可否請您跟我開示？」師聞言，隔著圍欄，也狀若神祕低聲跟來者說：「過去生是什麼不重要，現在才重要。」

擁有自己

　　師自緬甸回來後，徒問師對緬甸的感受。

　　師：「台灣一個夢，緬甸一個夢，都是不實在的。」

　　徒：「什麼是實在的？」

　　師：「什麼是最真實的？擁有自己。你的存在是擁有自己。」

有什麼事啊

　　一弟子因執事工作與其他法師意見不同，於是跑去找師父，向師論說該事之箇中曲直，望師能理解並予以仲裁。於報告過程中，師邊聽邊摸弄周遭物事、與經過之信眾們打招呼，逐漸走到道場之八角亭，弟子還不斷極力說明，師突然指向附近蘭花盆栽說：「你站這邊。」接著師開始抬動花盆，弟子也只好彎腰抬起另一端，合力將蘭花重新擺放。此時弟子仍間間斷斷說此說彼，同時不斷來回與師合抬，在覺知微喘、花香與當下每個動作持續且歷歷在目之時，弟子忽然想起，已然忘了說到哪裡。

聽

　　師於山上領數名弟子至觀音道場附近之風動石教導禪修，傳言此風動石只要風一吹動，即能聽見石動之聲。有一弟子問：「師父，是風動，還是石動？」眾弟子此時皆憶起六祖壇經中「是風動，還是旗動」之故事，頗期待師之古今對照之回答。師淡然說：「一切萬物都在動，只要我們的心夠靜，就能聽見『動』的聲音。」

慈悲與情感

　　師早年曾依止於清涼寺之續祥法師，多年來一直視之為師。一日，忽聞續祥法師往生消息，師與眾弟子聚於客堂，師言：「耶，我難過，但並不傷心。我是個無情的人。」一弟子問：「師父，您說自己是無情的人，那您是如何去度眾、行菩薩道呢？」師答：「我的情，是慈悲，不是情感。」

動物／園

　　一日，山上兩名弟子於祖師殿前起了爭執，你一言，我一語，此起彼落。師於旁經過，然弟子繼續爭吵，不為所動。師於其旁，重新走過去，又走過來，弟子還是吵。突然師大聲吼：「你們不要把這裡吵得像動物園一樣！」語聲未竟，四周狗吠之聲不知從何群起冒出，汪汪不止，眾皆頓然瞠目相視，旋即一片啞然失笑，不知所爭為何。

玩心

　　一弟子出家未久，好玩習氣仍重，常於山上逗弄尋笑。一日，師謂之：「你已經出家，還整天這樣到處玩？」弟子回說：「沒有啊，我人都在山上。」師說：「人在山上不表示不玩，你的心都在玩，跟人在玩，做事情也在玩。」弟子頗為心虛，靜默不語。師又說：「既然那麼愛玩，那你告訴我，什麼東西最好玩？」弟子想了又想，答不出。師云：「這個心最好玩，它時刻都在變。真愛玩，你就去觀照它，去玩心！」

下雪的聲音

　　一回，師於溫哥華弘法，一行人車開到一處視野遼闊之公園，司機停下來讓眾人於車內欣賞美景，時天空正開始落下花花白雪。師說：「把音樂關掉，我們來聽下雪的聲音。」頓時，車內外一片通透，屏息無聲。接著，眾人隨師步出車外，安靜地走在雪地上，一人停下腳步，納悶地問師：「師父，下雪有聲音嗎？」

　　師側首問：「你有聽到什麼嗎？」

　　問者想了一會，答：「我只聽到一片安靜。」

　　師微笑說：「這就是下雪的聲音。」

是誰在講

　　一個性內向的弟子，首度被安排為大眾講授佛法課程，他不勝惶恐，怕自己能力與口才都無法勝任，於是請示師：「我可以上台講課嗎？」

　　師轉身朝向他，定睛反問：「是誰在講？」

無所不在

　　一個弟子因為執事工作繁雜不堪，苦惱甚多，一日盯著辦公桌上方的師父法照，心想：「如果能夠像師父這樣就好了，可以處眾無礙，眾緣具足，做事很簡單，都可以做成。」就在他凝神注視之際，突然，師從他身後出現，說道：「如果你的覺性在，我就無所不在。」

不是罐頭

　　某日，一位跟道場頗為熟稔之居士，向師表達他自己長久以來之觀察：「師父，您的弟子好像看起來個個都不太一樣，每個人都很活潑。」師答：「這裡不是生活罐裝場，我們是培養的，不是罐頭的。」

難

　　若有弟子外出參訪，依照慣例，弟子回來後即向師報告所見所學。一回，一位弟子至道隱寺拜會老和尚，老和尚問該弟子問：「如何才能學禪？」該弟子站在在老和尚座前，不敢回答，老和尚於是自問自答：「放下！學禪最難的就是放下。」弟子回山後，即稟師老和尚之問答，師當機又問：「學禪最難的是什麼？」該弟子一時又答不出，師於是自問自答說：「就是下手處。」

啥丸

　　一弟子，執事工作做到煩得要死，於是跑來與師訴說自己如何被欺負、事情如何、別人又如何等等說個不停。他一邊說，一邊見師無聲地在自己周身搓來搓去、搓去搓來，最後師搓出一顆不知啥的丸，說道：「給你吃。」

天空

　　早期道場建設不多，僧眾打禪時皆至一處簡陋
草寮，打坐時，有時會掉下蜘蛛，或見蜈蚣爬地。
一回，一特別有潔癖的弟子，看到這些生物，就覺
渾身發麻、發癢，好不容易下座之後，該弟子立即
走到大殿前，望著海面上之天空，寬廣澄澈，頓覺
得身心舒暢無比。時師步近他身旁，說道：「你的
身跟心都一樣，就要像這樣。」當時尚有眾多弟子
在旁，師就問：「為什麼天空這麼舒服？」眾人一
時俱無回應，師於是說：「因為它沒有障礙。」

三心一心

　　一日，好奇之弟子忍不住問：「師父，您打坐
時，可以看到自己的過去生是在哪裡修行嗎？」

　　師答：「在這裡。」

　　弟子再問：「這裡？您不是說可以看到過去、
未來嗎？」

　　師說：「跟你說在這裡啊！過去、現在、未來
都是同一個心！」

拆違建

　　道場開山之初，礙於經費侷限，必須經常拆除舊建築來取材，一天，拆建工人即將前來動工，執事弟子擔心完工後無錢付款，就問師父：「師父，明天人家就要來拆山上的房子了，怎麼辦？」師指著弟子的身軀說：「你不擔心自己的這個違章建築啥時要被拆，還擔心外面的建築！」

南北之分

　　某位居士首次上山，初見師父之穿著，心有不解，卻不敢明問。師明其惑，便指著自身黃色僧衣及南傳紅色袈裟說：「這是北傳和南傳佛教的大融合。」

　　居士問：「師父，您也有南北之分啊？」

　　師笑說：「因為你有南北之分！」

找「我」

　　某一居士心有煩惱，來山散心，卻不想於此種情況碰見師，而刻意繞道走開，然已經被師瞧在眼裡，師大聲問他：「你跑那麼快幹什麼？」

　　居士即時編個理由說：「師父，我要去找我兒子。」

　　師答：「不用去找兒子了，找『我』比較重要！」

真假靈鷲山

　　一天，韓國殊眼禪來山訪師，於晤談中問說：「印度有個靈鷲山，這裡也叫靈鷲山，哪個是真，哪個是假？」

　　師回答：「都真、都假！」

　　殊眼禪師再問：「怎麼分別真假？」

　　師笑說：「不分別就是真，分別即是假！」

吃垃圾？

一日，弟子臉色沉鬱，跑來找師，問說：「我心裡有很多煩惱，不知該怎麼辦。」聽罷，師將一團衛生紙扔在旁邊茶几上，問說：「你拿這垃圾怎麼辦？」弟子愣在哪裡，無法回答。半晌，師再問：「你把垃圾吃掉了嗎？」

門

一日，師徒於靈鷲山門之天眼門附近經過。師問弟子：「天眼門在哪裡？」弟子頗感疑惑，指著天眼門說：「就在那裡啊！」師搖搖頭說：「因為你們看不到門，所以才要把它框起來，告訴你，那是門。」

珠璣集

用不完

　　徒：「師父，我年紀大、身體也不好，越來越沒用了！」

　　師：「只要有慈悲心，永遠都用不完！」

業力

　　徒：「師父，什麼叫做業力？」

　　師隨手拿起桌上一片西瓜：「如果一直拿著、不放下，就是業力；沒什麼放不下的，就沒有業力。」

樹與風

　　徒：「師父，最近有人說我會遇到逆境，我應該怎麼避開它呢？」

　　師：「樹怕風嗎？樹的運動就是靠風，有風搖動它，根部才會紮得緊。」

心中之鳥

徒：「最近心中很煩，無法平靜。」

師：「把心中的鳥籠打開，讓裡面嘰嘰喳喳的小鳥飛出去，內心就會寧靜了。」

累的是哪個？

師徒結束一整天馬不停蹄的行程之後。

徒問：「師父，您都不會累嗎？」

師：「累的是身體，心是不會累的。」

吃素成佛

徒：「為什麼有人說學佛要吃素？是不是吃素成佛比較快？」

師：「吃素能增加福報，但吃不吃肉跟成佛無關，成佛是靠覺悟來的，如果吃素能成佛，那麼牛最容易成佛啦！」

我的東西

　　徒：「師父，你教那麼多，我為什麼
還沒有開悟？」

　　師：「我能教你的東西是我的東西，
不是你的東西。」

最好的佛堂

　　徒甲：「我躺著念佛，好嗎？」

　　師：「好啊！」

　　徒乙：「我跪著念佛，好嗎？」

　　師：「好啊！」

　　師：「行、住、坐、臥都是佛，有什麼不好？設置佛堂的意思就是鼓勵我們精進修行，不是做好看的。所以佛堂要擺在清淨的地方，但最好的佛堂，是擺在心中。」

No come, no go

一日，師與兩位外籍來客行經海邊，看著浪潮拍岸，海天無垠。

師云：「世間一切事事物物，就像被海水沖過的沙灘，沒有來，沒有去，No come, no go.」

踏實的階梯

一日，眾徒隨師在山上沿著石階而走，徒抱怨：「這石階好長，爬起來好累，師父，你為什麼要蓋這個石階？」

師：「這才踏實啊！」

心即道場

　　居士：「每次回山做義工，雖忙得很累，比在家做得還多，但心理總覺得很踏實；但一回到家裡，心就不易穩定，容易暴躁，為何會如此？」

　　師：「道場啊！心即道場，是你的心在分別！」

抓空氣

　　徒：「世間人為了爭奪財權名利不停地追逐。」

　　師：「所以要修行啊！就像我叫你天天去抓空氣，你會覺得怎麼樣？」

　　徒：「像神經病！」

　　師：「世間的一切就像空氣一樣，抓到的都是空的。看清楚這個，才會放下。」

誰沒煩惱

　　某日，兩個徒弟正吵得不可開交，直嚷著要師父評理。

　　師：「沒煩惱的那個，就是對的。」

撿起與放下

徒：「佛法教我們放下，要怎麼放？」

師：「撿不起來就放下，放不好就撿起來。」

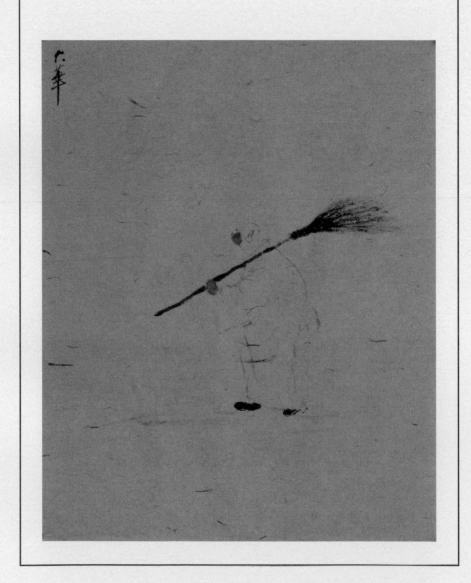

念佛

　　師鼓勵念佛：「念佛要像談戀愛一樣，整天念祂、想祂，跟祂住在一起，永遠不分開，跟阿彌陀佛也是這樣。」

放下與放假

　　居士：「法師們都好辛苦，有沒有放假的時間啊？」

　　師笑：「出家人只有放下，沒有放假。修行是時時刻刻都不放逸的。」

佛在何處？

　　居士：「我常因急忙著出門，就忘了燃香供佛，心裡覺得很罪過。」

　　師：「佛無處不在，只要你合掌祈禱，祂就在你心中。」

臭皮囊

徒：「上廁所時，只要手上、身上帶著念珠，心理都會很罣礙，拿下來又嫌麻煩，怎麼辦？」

師：「身體就是一個大糞坑，你怎麼都不掛礙？」

笑的藝術

一天，師看到弟子因故暢懷大笑，說道：「禪定多了，自然戲論心就少，就算是笑，也是像蒙娜麗莎的微笑，不會笑得像西班牙鬥牛，連屋瓦都會震動。」

情緒管理

徒：「如何讓自己不要有那麼多情緒？」

師：「情緒是習慣，要去消滅它，慢慢改，如果改不掉，就念佛、持咒，直到『鐵杵磨成繡花針』」。

白日夢

徒：「打坐的時候，一旦放鬆往往就呼呼大睡，該怎麼辦？」

師：「晚上作夢還有白天可以醒，白天作夢就沒有機會醒了。只有學佛開悟才有機會真正地覺醒。」

另投懷抱

　　一居士的太太往生之後，他仍十分想念、傷感，不知她現在人在何處。一日，便忍不住向師說他的思念之苦。師說：「她早已在別人的懷抱裡了！」

唸書與念佛

小朋友問：「師父，念佛會不會累？」

師反問：「你唸書會不會累？」

答：「會！」

師再問：「可是唸書有沒有效？」

答：「有！」

師：「所以要念佛啊！」

包裝與包容

居士：「為什麼婚前婚後差別這麼大？」

師：「婚前注重的是包裝，婚後要注重的是包容。」

真假皆假

一道場義工在廳堂擦拭盆栽，見花毫無凋零，美得不像真實，便問旁人說：「這花是真的還是假的？」，時師從旁經過說：「真的也是假的，假的還是假的。」

何處是聖地

於朝聖中，看到隨處皆是荒圮遺跡，有人問師：「哪裡是聖地？」

師說：「只要內心虔誠──發自骨髓的虔誠，必得感應，處處都是聖地。」

念珠

一弟子喜買念珠，尤喜稀有之品。一日，購得一串蜜蠟念珠，精美剔透，忍不住現寶予師觀賞，還跟師說：「這串很好看唎！」師答：「不念，都一樣。」

自己作菩薩

居士：「我太太拜佛拜到有感應，看到觀音菩薩示相，降臨到家裏來教導她。」

師：「我們不要去感應那些，我們要感應正見、正念，這才是真實永恆的東西！感應、神通都是一種變化，都會消失的。我們不用求菩薩到我們家，我們要自己做菩薩！」

壓力

徒：「最近工作壓力很大……」

師：「做什麼事沒有壓力？大便有壓力，
小便也有壓力。」

你到哪裡？

　　師常問弟子們「你要去哪裡？」「你到哪裡去了？」等諸類似的問話。

　　徒：「您為什麼常問我們去哪裡？」

　　師：「看看你們起心動念到哪裡去了啊！」

唯心所造

　　弟子隨師巡視建設中的工程後，問師：「為什麼我一看，就看到缺點？」

　　師答：「不管看到什麼，都跟自己的業力有關。」

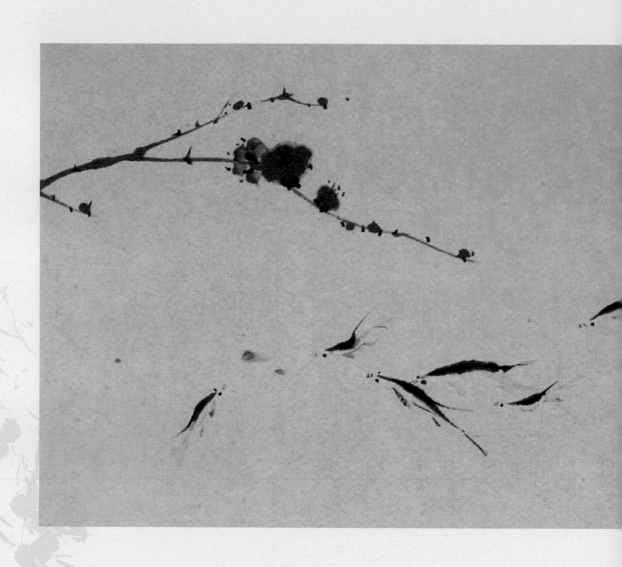

看心

居士：「不能常常來看師父，總是來去匆匆，很慚愧。」

師笑：「有時間就來看；沒時間，就看心哪！」

真假煩惱

師：「最近有什麼煩惱呀？」

徒：「說沒煩惱是假的……」

師：「有煩惱才是假的！」

奇怪的身體

　　聽說師身體微恙，一居士跑來
與師請安：「師父，身體有沒有好一
點？」

　　師答：「無常啊！奇怪的身體，
它想怎樣就怎樣。」

得過且過

徒：「開悟的人如何過生活？」

師：「得過且過！」

語錄傳燈篇

止明觀無為

止明觀無為

・基礎禪法

平安禪由來

顧 心道師父的修行心路，自1974年到1984年長達十多年的時間， 心道師父歷經獨修、塚間修、斷食閉關的苦行過程，在修行的內容上，始終沒有離開以般若觀照為核心的禪修法門。

1984年 心道師父正式創建靈鷲山無生道場，開展弘法利生的菩提大道， 師父深刻明白，面對未來社會因為科技資訊的疲勞轟炸，所產生的種種煩躁、憂鬱、恐慌等等心理壓力的問題，在在需要禪修所具足的和平安定、自然和諧的能量，給予轉化釋放！在歷經十多年的觀察、尋思、體會，因緣終於成熟， 師父將畢生禪修的精華，融匯成初學者也可以簡單學習入手的「平安禪」，並且在2003年正式向社會推廣，希望社會永遠和諧，世界永遠和平。

平安禪的修學內容，主要是來自於「呼吸法」與「耳根圓通法」的組合。什麼是「呼吸法」、「耳根圓通法」？ 心道師父曾如下開示：

「師父所教的禪修方法主要有兩個重點，一是『呼吸法』，呼吸法是依據佛教天台宗（編按：止觀）的理念做為基礎，並且在方法上吸收了緬甸禪法（編按：摩構、馬哈喜……）的精華。再來是『耳根圓通法』（寂靜修），這是師父在墳墓地裡面修行了十多年的禪法體驗，它能夠迅速的得到安定、放鬆，開發一條直達明心見性的寬廣大道。寂靜修是由禪宗的法脈的傳承來的，也是觀世音菩薩的耳根圓通法門，在《楞嚴經》第六卷裡

面，將觀音菩薩耳根圓通法的修學方法與過程，記載的非常詳細。」

「九分鐘禪」是「平安禪」的別名，特別適合生活忙碌的現代人學習，強調只要每天坐三次「平安禪」，每次九分鐘，不限時間地點或特定姿式，日積月累以後，會有很好的放鬆與減壓的效果，以次漸漸進入禪的世界。

平安禪法門

第一階段：調息

「由喉嚨吸氣、鼻子吐氣，吸的時候是深深的吸、慢慢的吐，吸得非常的輕鬆，吐得非常的愉快。吸氣的時候，是從腹部、胸部、喉部，最後吸到頭部，而且是慢慢的吸到頭部。然後再讓頭部吐氣、喉部吐氣、胸部吐氣，最後腹部吐氣。

身體是不動、打直的。如果身體沒有打直，喉嚨吸氣的時候，會吸不到氣。一定要脊椎打直去吸氣，下顎要貼緊喉嚨（下巴要向內靠），喉嚨才有辦法吸氣，吸氣才會吸到丹田裡去。再強調一次，後腦要打直，脖子跟後腦要一直線，下顎要稍微壓到，才吸得到氣，不然會很難吸得舒暢。」

本階段的目的是，要將身體內部五臟六腑的濁氣（煩燥、鬱悶、污濁）給吐掉，因為身體每個細胞都需要深度呼吸來供應充足的氧氣，細胞吸收的氧氣足夠，打坐的時候就有精神，氧氣不夠的時候很容易想睡覺。身體充氧以後能讓身心充滿活力、信心，在忙碌的現代生活與工作壓力下，深呼吸會幫助身

心鬆弛安定，大家練習深呼吸的時間長久以後，內心會感覺到非常的快樂、舒暢、平靜。

進行方法是，先做三～七次的深呼吸，呼吸的時候，嘴巴閉合，由喉嚨吸氣，由鼻子吐氣。進行吸氣、吐氣動作的時候要注意，吸氣的時候肚子會感覺到脹出來，吐氣的時候肚子會感覺到縮進去。另外，為什麼要用喉嚨吸氣？因為喉嚨吸氣才能夠把腹部的濁氣吸出來，將氧氣納入腹部。

第二階段：淨心觀照

「讓心能調安靜、專注，先從眼觀鼻開始，眼觀鼻，眼睛馬上注意到鼻子；鼻觀嘴，從鼻子的感覺移到嘴巴，注意力在嘴巴；嘴觀心，將心念再往下移到心，注意力在心；心無所觀，移到無所住、無所觀。這個步驟可以調整我們的心念，讓心沉靜下來，心念會一直往下沉，從眼睛一直移到鼻子、嘴巴、心，最後到心無所觀，放鬆不執著、不住相、不取捨。」

本階段的目的是，做心的收攝。我們的心容易散亂，雖然在第一階段將氣息調整好，但是心還是不平穩，所以就用眼、鼻、嘴、心，這四個短距離的觀照，讓你的精神注意力在短距離內，一個接著一個的集中，到最後你的心會慢慢的攝住。進行方法是，心念的注意力，跟隨「眼觀鼻、鼻觀嘴、嘴觀心、心無所觀」的引導，移動下沉。

第三階段：覺知出入息

「覺知自己鼻頭的出息、入息，清清楚楚、明明瞭瞭，不含糊、貼切、放鬆、放下的，去覺知自己的出息、入息。要非常專一、清楚。

有沒有覺得自己跟自己的呼吸很親切？有沒有覺知出入息的分界點？要覺知得非常清楚，知道我們出入息的冷、溫、長、短、粗、細，靜靜的去觀照、知覺、清楚。

覺知到我們很溫和的呼吸，很微細的呼吸，清楚、明白，就像一個手電筒照在那裡，我們的靈覺、靈知照清楚了這個出入息，全部在我們覺照的籠罩下，覺照清楚，知道清楚我們的出入息。

絕對不能含糊，似睡非睡、似知非知、似有非有，絕對不是這樣子的！覺知清明，了知清楚。

息在哪裡出入呢？覺知的心是不散亂的，一直在鼻息出入的地方，由粗到細，由細到微細，最後微細到沒有呼吸。大家的呼吸本來很沉重，愈覺知呼吸，愈能感覺到呼吸會像棉花一樣，輕柔沉靜。

不是為了呼吸，而是為了覺性，以呼吸引導覺性，以覺性去帶動呼吸，就是為了覺性的呈現，因為只有明心見性才能夠真正的了脫生死、斷煩惱，所以我們就直接下手、直接切入心性的正念裡面。今天覺知出息、入息就是讓你的覺知明朗，讓你覺性的明朗度更加強，更能夠呈現覺性的淨明。」

本階段的目的是，在經過上階段眼、鼻、嘴、心，這四

個短距離的觀照，一步又一步的收攝，到最後是讓心念專注在只有一個覺受點上，也就是覺知自己的出息、入息。進行方法是，能夠覺知、守住自己呼吸時出、入的氣息，而不要失落掉。

第四階段：聆聽寂靜

「頭頂天，脊椎打直，全身放鬆，把耳朵放鬆、頭部放鬆、兩個肩膀放鬆、心胸鬆弛、全身放鬆，每一個細胞都放鬆，安靜地聆聽，一切放下，靜靜的聆聽寂靜。

一切想法都是寂靜的，一切的身心靈都是寂靜的，安靜地聆聽，靜靜地聽、聆聽寂靜。

遍智昭明，山河大地、宇宙虛空，都是寂靜的，清清明明、安安靜靜。沉靜下來、安靜下來，靜靜地聆聽寂靜的聲音——無聲之聲。

用心聽大海的寂靜，用心聽虛空的寂靜，用心聽地球的平靜，用心聽地板的寂靜，用心聽彼此的寂靜，一切都是寂靜的，無聲無息。

不做分別，不做取捨，任何一個東西放在那裡，就是寂靜的，聆聽無聲之聲，無聲的在說話，說無聲之話，有聲也是無聲。

耳朵慢慢的靠近自己，靠近我們的寧靜，聆聽覺性的寧靜。什麼是覺性呢？靈靈明明、清清楚楚，聆聽覺性。

安住在聆聽，當我們聆聽的時候，耳根就在覺性上，靜靜的、安靜的，聽我們覺性的寂靜。

就是聽，只有一個工作，聽，就安住在這個聽上，耳根只

負責聽，沒有任何的分別執著，有相、無相通通寂滅，有想、無想通通寂滅，有識、無識通通寂滅。

一切的意識集中在耳根，耳根聽一切的聲音都是寂靜的，掃除一切識的惑亂、變化，寧靜我們意識的分別執著。

不要沈迷、沈醉在自己的糊里糊塗裡面，禪修就是清楚，清楚就是禪修，不是沈醉，不是顛倒，不是妄想，不是無明，不是自我，放下一切的幻覺，好好把自己的佛性揪出來、參出來。靜靜的聆聽、安靜的聆聽。

學佛就是隨緣任去，要認得我們的覺性，認得我們的心，不隨境轉，不隨波逐流，把心從幻覺裡面拉回來到寂靜，從寂靜裡面我們聽，在聽裡面我們融入覺性的光明，觀照心性的明朗。」

本階段的目的是，我們從聆聽寂靜裡面，持續的下功夫，慢慢地讓我們的念頭，一直用寂靜的方法去離相，離到最後，身體的相不可得，心念的相也不可得，到最後你才會看到真實的自己，才不會害怕身體的衰老、死亡，或者在乎任何外在幻有的得失糾纏。禪修是真正的讓大家進入不生不死生命的體悟。進行方法是，放鬆下來，用耳朵靜靜的、柔和的，聽寂靜。大家要特別注意，一定要放鬆以後才容易聽，整個身心放鬆聆聽，聆聽放鬆。這個法門是「耳根圓通法」，是要專注在「聽」，有聲音也聽、無聲音也聽，寧靜、安靜、放鬆放下的聽，聆聽寂靜，有聲無聲都是寂靜。

特別注意事項

練習平安禪的時候，不論練習到那一個階段，都要特別注意三件事：

（一）脊椎打直、頭頂天、收下顎

想要禪坐的有效果，首先要把脊椎打直，養成脊椎打直的正確姿勢，禪坐才會坐的長久，才能真正享受到打坐的快樂。師父一直提醒大家脊椎打直的重要性：

「要享受禪修的快樂就要把脊椎打直。因為脊椎是神經叢的主要匯集區，掌握全身的感受，脊椎沒有打直會造成氣息流動不通暢，類似打結的狀況，這樣坐禪就不會舒服。坐禪主要是讓氣息疏通流暢，進而讓氣息活躍起來，因為專注的關係，會讓身心感覺到很輕鬆。如果不坐禪，妄想就會帶動欲望，形成種種空虛的感受。當脊椎打直的時候，氣息會貫通，然後再配合深呼吸，洗滌身心內外的染濁，讓氣息循環清爽，真正享受到禪修的快樂。」

頭頂天是指後腦一定要伸直，好像頂到天。脊椎打直，頭頂天，下顎收起，是連貫的動作。要注意不是頭仰起來去頂天，是下顎收起來，用後腦去頂到天。

（二）放鬆

打坐安定下來的時候，要全身放鬆，但是注意脊椎仍要打直。如果感覺到全身僵硬，這是因為身心太緊繃的緣故，要立刻放鬆。放鬆的順序是——頭放鬆、耳朵放鬆、肩膀放鬆、胸腔放鬆、臀部放鬆、腿部放鬆、全身放鬆，要反覆練習。

師父開示，放鬆是包括身、心兩方面都要鬆弛：

「放鬆是指想法僵硬、身體僵硬的時候都要放鬆，每個固執的觀念已經產生的時候就要放鬆。只要放鬆就不會凝聚，不能放鬆就會凝聚，一旦凝聚就會產生業障。所以當我們生氣的時候、欲望生起的時候，要立刻開始放鬆。放鬆是把觀念鬆弛，讓繃緊的觀念組合不起來，如果可以組合得起來，表示你沒有放鬆。

平安禪的四個階段裡面都強調要放鬆，四個方法可以反覆交換去做，目的是讓大家在禪修時能夠放鬆放下，不會僵硬、呆板，感覺得無趣，然後讓坐禪的時間能不斷增長，獲得三摩地的安住。」

（三）對治「昏沉」與「散亂」

禪修是將自己的身心狀態，由粗到細的調整收攝的過程，初學禪修時，一般常見的問題就是如何對治「昏沉」與「散亂」。「昏沉」又分粗細，粗的昏沉是指想睡覺，也是此地要處理的狀況，至於細的沉相，是要禪修的較深入時，才會面對到。關於「散亂」也有粗細之分，在此暫時不細說，初學者只要感覺到，有忘想念頭不斷生起的情況即是。

師父開示：「在練習平安禪的時候，如果想睡覺（昏沉），請回到第一階段——深呼吸，做吸氣、吐氣的動作。如果心很亂、妄想的念頭很多（散亂），請回到第二階段——眼觀鼻、鼻觀嘴、嘴觀心、心無所觀，讓心沉靜下來。」

・在家眾禪七——雲水禪

2008年6月15日　入關開示

生命的究竟價值

我們在家凡俗的生活非常忙碌，要讓心靜下來歸零，沒有太多可能，尤其社會是個大染缸，財、色、名、食、睡，在這五大貪欲裡，我們一生大概就是在這裡面腐蝕掉了。

我們經常就是忙碌於名利、財權，在其中翻滾、動盪，心在這些財權名利之中，很難清明、安祥，除此之外，世間還有很多玩頭、趣味，讓我們喪失寶貴的生命時間。

人生非常無常，且得來不易，要如何珍惜短暫的人生，得到最高的生命價值呢？平常大多數的人從行善、做公益中得到生命的價值，但要達到生命最終究的價值，是要能夠證悟本來面目，從禪修中明心見性。

禪修的目的：斷煩惱、了生死

我們都在生死煩惱，無常困惑裡迷失，我們必須在禪修中見到一切妄相的根源，看到無常，明白一切世間是短暫而靠不住的，不讓自己迷失在任何的現象之中。

我常說身體是個違章建築，不知何時要被拆，此時組裝了，沒多久又要被拆解了，如何沉澱一切的妄想而能回到當下明朗的心性，在身體這違章建築被拆前找回自己的本來面目？總而言之，就是斷煩惱、了生死，這也正是我們打坐的目的。

如何斷煩惱呢？從煩惱生起的地方去斷，從生死現象裡面去了生死，打坐的目的就是讓每一個人回到真實，不在妄相中迷失。

人生真正的價值在那裡？就是找回自己，大家可能覺得奇怪，自己就是自己，有什麼好找回的？事實上，你不覺得自己常常很難搞定自己嗎？什麼地方叫做自己？鼻子是自己還眼睛是自己？還是手或腳或頭髮是自己？如果全都是，死掉以後，自己又是誰？若把四肢、身體分解後，手是手、頭是頭，哪一個又是我？我的定義是什麼？由坐禪中去理出頭緒，去淨化沉澱，而得到真實的明白，才不虛過了這一生。

這個時代，時間就是金錢，大家能抽得出時間參加禪七，是很有福氣的，從古到今，有多少英雄好漢都是這麼消沉流失，國內外歷史上所有的知名人物，現在又如何了？過去多少生命在不知不覺中消失，現在有多少生命也不知不覺的消失了，未來無數的生命也將如此在不知不覺中消失，到底什麼東西是不會消失的？

契入真實　找回自己

希望大家能夠在這七天中，好好找到不消失的自己，找到心性。心性原本不來不去，它不屬於現象所以不會流失，也沒什麼可流失，不增、不減。

我們用七天的時間，讓妄念跟自己之間做最好的區隔，到底妄念跟自己有什麼關係？為何生妄念？妄念如何而生？身體由四大組合——地、水、火、風，地不是我；水不是我；溫度不是我；氣流不是我，四大一分散，各是各的，那我是誰？而

我到底是找什麼？禪修在找什麼？

我們住在四大這個建築體之中，但是不是四大？如果再加上空、識叫做六大。識就是認識，空是空間，沒有空間我們就坐不進來，也不可能在這打坐，識跟空之間的關係是什麼？在打坐中讓思惟連貫起來好好觀照。

神識變化無常，不是我們，那到底我們是誰？打坐就是真真實實的去體會「我是誰？」「父母未生前，我是誰？」「還沒有造形前，我是誰？」從宇宙萬物形成開始，有了一切眾生，你也是眾生之一，那麼，沒有造形以前，你是誰？一般人大多以這個「造形」為自己：「我是人、我是鳥、我是烏鴉、我是蛇、我是蜈蚣、我是蝴蝶、我是鴨子、我是飛雁、我是細菌……」，有了一個造形就會有一個名字，成為輪迴的眾生，那沒有造形以前，你的名字是什麼？

所以打坐要坐出悟力才能夠契入真實、找回自己。自己是誰？什麼造形？

《心經》裡說到：「無眼耳鼻舌身意，無色聲香味觸法，無眼界乃至無意識界，無無明，亦無無明盡，乃至無老死亦無老死盡……」，就是說明如何找回自己，為什麼初學佛總要大家讀誦《心經》、背誦《心經》？就是幫助你的心能夠真實的認識自己。

2008年6月15日　圓滿開示

大家這七天還好嗎？相信大家的內在已經變得寧靜、舒暢、明亮多了，俗世生活紛紛擾擾，在生活中打拚，我們的心往往非常的混沌，這七天的閉關，有沒有感覺沈澱多了呢？最重要是大家把禪修的方法運用到生活中、工作上，好好的使用這四個方法來淨化自己，讓自己寧靜，讓內在沒有負擔、去除干擾，讓心呈現一片的空曠與寧靜。大家這幾天打坐有沒有體會出一點空曠與寧靜？

日不落的心性

這七天是很難熬，不過越坐內在越美，禪修是要方法的，沒有方法很難導引自己進入明朗寧靜的身心，那麼大家大概明朗不夠對不對？可能安靜度還好但還搞不清楚明朗，不過坐久慢慢就能有所體會了。我們的心性就像太陽一樣，一直都沒有黑暗過，自身的的光明一直存在，我們的心性就像太陽一樣，是日不落的心性，心一切的想法就像是雲霧，再怎麼厚的烏雲都擋不住太陽，只能夠短暫的遮蓋。

禪修的目的就是要觀照我們心性的光明，不被起心動念帶著跑、觸景生情，要觸景無所見、無所住，自然可以身心自在。我們現在聆聽，馬上就收攝到聆聽上，耳朵接觸的一切馬上收回到聆聽，收回到心的聆聽，聆聽就是讓你回到本初、回到本來，回到本性，我們的覺醒就像一盞燈，這盞燈是不熄滅的燈。例如說，大家有沒有覺得晚上睡覺還是能照見整個生活中的影像，就好像白天所照見一切人事物的發生，所以說我們的心具足光明，要寧靜才能夠更現出明朗。

超越依附　遠離虛妄

「佛法」是離苦得樂的法門，一切見解的輪迴、心意識的輪迴、色聲香味觸的輪迴，都是著相生心，讓我們取捨不自在。當我們能夠讓自己自在，就是內心能歸屬空性。我們的內心常常是歸屬在一切的幻相中而生滅變化，產生得失、種種情緒和感情，然後，在這裡面產生貪瞋癡——墮落的變化。只有「捨」能夠讓心清淨，不能捨，心就像「柏油」一樣，黏到什麼就是什麼，所以我們產生煩惱妄想。如何讓心自在？就是要讓心不依附於無常生滅的現象，真正讓你的心是心，不是物。

禪修不是只坐一朝一夕，而要在生活中能夠時時刻刻去觀照，去參悟、去體認，我們的心常常喜歡依附，最少得好好用功十年，才有辦法脫離依附的習慣。

打個比方，我們知道鬼是沒有身體的，所以常常會依附在樹、草叢，任何一個覺得有安全感的地方，就依附上去；變成一種虛妄的形態，所以有沒有鬼呢？你的心虛妄就有鬼了，我們這個心如果不修行，就像鬼依附在任何地方，產生煩惱、計較。唯有禪修能夠超越依附的習慣。我們的靈性本來就不屬於身體，也不是屬於什麼，它就是靈靈光光、無形無相、亙古恆遠。

上回我講到了，因為我們有一個造型，也就是四大和合的身體，這造型就變成為我們所依附的目標，認為這就是我，但沒有造型以前？誰是我？禪修不是去找一個具體的造型，而是去體認沒有一個造型是我，慢慢才能脫離這種纏縛牽制。

恆持的禪修，帶來自在與解脫

希望好好禪修，回去後也不要忘失，每天早晚要練習，上班時間累了也可以簡單地練習五至十分鐘。也不要忘了常常回來打七，能參加禪七的機會是相當可貴的。

時間就是生命，生命就是時間，我們為了活下去，所以必須工作賺錢，在這當中，我們會不自覺地迷失了，如何在忙碌的生活中，還是保持覺醒，不依附於錢財，不依附於任何情感，不依附任何的瞋恨呢？不依附，就是靈覺自性，依附呢，就是鬼了（師笑）。

所以，祝福大家可以一起獲得更多的平安，更多的自在，更多的解脫，希望大家養成好的禪修習慣。

2008年6月15日　禪修問答

彌陀淨土 vs. 覺性淨土

徒問：　師父，我幫一個學員請問您，聆聽寂靜是不是往生時就不用念「阿彌陀佛」跟〈大悲咒〉，只要一直聽寂靜，聽著寂靜往生就好？

師答：聽寂靜，聽成功這叫證悟，這個要花時間去證悟，一旦證悟就不是念阿彌陀佛的問題，是一種歸屬感，你的歸屬是在覺性裡面。你現在的歸屬抓不到，不但抓不到自己，也抓不到阿彌陀佛，你唯一可以抓的就是感情、家庭，一切的執著，所以當我們在打禪時，聆聽，是在抓你的心性、覺性。覺性就是你的淨土，是永恆不變的。

　　極樂世界也是在這範圍，只是極樂世界已形成一個報土，在覺性裡面形成一個報土，你沒有辦法覺悟的時候，可以在極樂世界慢慢練習到可以歸於心的淨土，就是常寂光土、華嚴淨土，這都是我們的心性，心性就是不來不去。來去是現象、心念、輪迴。我們在坐禪聆聽時，是契入心性，不來不去，而你的念頭還沒完全歸屬到覺性時，心念是浮動的、來去的、意識不斷流轉，這就要下工夫！工夫下不夠的話，往生時就要靠阿彌陀佛了。

靈光獨耀　無諍三昧

　　徒問：　師父，您提到「靈光獨耀」，是指什麼？還有《金剛經》有一句「無諍三昧」，我不是很清楚它的意思，請師父開示。

　　師答：靈光獨耀就是我們的心性，打坐聆聽到靈光獨耀時，就是相應了。

　　無諍就是和諧的意思，我們的心性啊，只要聆聽，就是進入我們的心性，它是平靜、和諧、無諍的，內在沒有紛爭、沒有一個地方覺得有興趣去爭，叫做無諍三昧，已經不是在一個逞強的心理，或者是自我的心理，已沒有「我」這種概念，叫無諍。

　　那麼無諍是心性的、本質的，也就是說當我們在禪修、聆聽寂靜，到最後進入到心性時，因為無諍的關係，觸目遇緣都是安祥、和諧的。

幻化蝴蝶

徒問：請問　師父，如果我們在打坐中融入這個宇宙中地水火風，四大皆空

是不是就是《金剛經》所講的：「無我相、無人相、無眾生相、無壽者相」？

師答：當我們以這個身體為主時，就是地水火風，當我們以覺性為主時，則能照見地水火風的空相。我們聆聽覺性，並非去思惟四大，四大本來是空，要跟覺性相應才是。

《金剛經》所說「無我相」是指沒有一個特定的我可稱為我，如果有特定的我，就像是我們畫了隻蝴蝶，而說那蝴蝶就是我，那叫造型的我，這就如同你現在對這個身體造型的認同、取向，你說這是我的身體，誤以這個身體為「我」。

如果，你不認取這個身體造型為你，這身體就不是你啦，「無我」就是如此。「無我相」就是在覺性裡面沒有我這個相存在；「壽者相」是有壽命時間相的存在，身體存在的時間叫做壽者相，我們在修行方面呢，就是我們不是看時間相，我們是看沒有固定時間的無常相，這個壽者是無常的，沒有永恆的；「無人相」，人就是你我他，那麼我不是狗、不是貓、是「人」，那麼「我」是不是人相？我們的覺性裡面，沒有人相可取、可得，所以不執著我相人相；但也沒有眾生相可得，我們在覺性裡面，沒有一個眾生相可得，修行要離四相，去觀看、去參悟的，這樣懂嗎？

2007年8月　師父傳法開示

回到自己的心，才是真正的大休息

　　禪修啊！是一個大休息，我們的心不斷忙碌處處攀緣，沒有一時一刻真正的休息過，只有睡覺時，可能暫時跟各種工作、生活中的接觸做出切割，在這樣的塵勞中，人要真正的瞭解自己，實在是滿困難的。

　　到底自己是什麼？透過禪修，慢慢的我們可以看到自己流動不息的念頭，看到自己坐禪時身體上的痠痛、心情上的煩躁，很親切去體會、瞭解真實的自己。處在當今資訊繁雜的時代，讓我們在工作上、生活上、家庭中，都倍感壓力、甚而精神錯亂，因此也產生許多不幸的自殺事件，生命中愈來愈少因緣條件讓我們回到內在或是回到大自然裡去，完全變成是資訊的生命。如何能夠回到自己，不隨著複雜的資訊而追逐？畢竟我們永遠跟不上資訊變化的速度，不停息的追逐，我們永遠是疲勞的，只有回到自己的心，才是真正的大休息。

　　但要回到自己的心，談何容易？所以需要以禪修找回自心。首先是調息，我們吃的東西經過肚子的化學作用，會發熱、發酵，容易使我們的腦袋瓜不清楚，這個調息的方法是讓我們把內在不好的碳氣吐出去，把新鮮的氧氣吸進來，讓身心充氧。大致上做七次後，就會覺得有精神。吸氣時下顎壓喉嚨，從喉嚨吸到丹田，儲存在丹田；吐呢？就是很輕鬆的從小腹吐出來，從鼻子出去，整個方法是一個充氧的過程。

　　再來，我們的心總是不專一，一下子進入禪修時，心比

較散亂，所以教大家運用「眼觀鼻、鼻觀嘴、嘴觀心、心無所觀」這攝心的小方法，讓大家容易進入專一，接著再進入「止」的修習，止於呼吸。

最後就是「觀」聆聽，聽就是一個觀；從聽寂靜裡面去把一切的束縛、障礙觀開，讓一切的束縛、執著通通能夠釋放，把內在一切的垢染通通釋放。

人生充滿了許多人事環境上的干擾跟與自我意識的妄念，禪修，則是幫助我們去除煩惱、了脫生死的一個鑰匙。生、老、病、死每個人都免不了，在這當中，我們想要解決些什麼？身體是四種元素所組合──地、水、火、風──代表了身體中堅硬的骨、肉，身體的溫度、水份，還有呼吸的空氣流動，然而，我們是地、是水、是火，是風嗎？若不是，「我」到底是什麼？佛法中，除了地、水、火、風四大之外，再加上無所不在的「空」；及「識」──意識，稱為「六大」。禪修就是要把這六大慢慢轉化成能量。我們的意識，複雜而難調

伏，《心經》所闡述的道理就是讓我們知道如何對付這個意識。「觀自在菩薩」這句話告訴我們要自在就要觀照，要深刻地去了解這六大的本質是什麼？六大都是短暫不長久，終會像泡沫一樣幻化，所以我們禪修，就是把六大的糾纏，轉化成清淨的智慧，如此不斷地「行深般若波羅蜜多」，終究

能到達智慧的彼岸。

要深刻而細膩地去觀照六大的空性，這六大短暫、幻有而不可得，從這個角度慢慢去突破心靈的束縛。我們坐禪的時候，意識本來是散亂的，慢慢讓它專一在眼睛、鼻子、嘴巴、心，在出入息，最後在聽。

意識是從現象組合，如果把意識的影像拿掉，就可見到本來的自己，所以要用禪修的工夫，把流動的意識對外在的形象拿掉，而轉回到亙古長遠的生命，那就是不生不滅的生命。

2007年8月　禪修問答

徒問：請問　師父，我們觀心的時候，是觀心窩裡頭那顆心呢？還是頭腦那個意識的心？還是我現在還不知道在哪裡的那個本來的心？

師答：我們的心分成了肉團心、攀緣心和靈覺心，肉團心是這個物體肉質的心，而攀緣心則是常常「認賊為父」，把外在一切當作自己。除此，還有一個靈覺心，靈覺靈知的心。

我們要修的不是肉團心或攀緣心，而是這份靈覺靈知的心，當我們在觀照的時候，當然是從眼觀鼻、鼻觀嘴、嘴觀心；觀的是肉團心沒錯啦，可是我們在觀的時候是不是有思想？有想法嗎？這個肉團心你也看不到，所以你只能覺得那個心在那裡，一個大概的感覺。在這個感覺裡面，觀肉團心這個範圍裡面去觀心的內容，這個內容它不是主觀性的做，而是客觀性的去看。眼觀鼻、鼻觀嘴、嘴觀心就是客觀性的看這個心，肉團心是看不到，只能看到這個攀緣心，從攀緣心裡面去慢慢的淨化之後，就會變成靈知靈覺的心。

徒問：我們在禪坐的時候，怎麼樣才知道自己不是傻傻的坐在那邊？

師答：傻傻的坐，就叫做無明心；無明就是惑。當你清楚觀照、聽的時候，是靈知靈覺、清清楚楚的、不含糊；含含糊糊就是傻傻的、呆呆的、癡癡的。所以我們要保持清醒，這個覺知要清楚明白，覺知清楚就不傻，覺知不清楚就會是傻傻的呆坐。

徒問：想請問　師父，初學佛要做什麼早晚課，適合修什麼法門？

師答：人世間每天有很多事情要發生，每天恐懼惡的事情會找來，喜歡善的事情發生。所以剛學佛的人，希望有一個保佑，就讀《普門品》，讓每天一切的生活都遠離恐懼障礙。我們最喜歡自己的家人，希望家人能夠事業、家庭平安、身心健康，所以我們每天讀誦《普門品》去祈願一個慈悲的保護。

另外，修行需要花很多時間，才能了脫生死、斷煩惱，用功下去，一、二十年還不一定會開悟，所以要想「預備」的工作，萬一沒有開悟的時候，我們該怎麼辦？最好的辦法就是〈大悲咒〉，它是觀音菩薩最慈悲的法門，只要持誦五遍以上，所具足之功德就不得了了，可以消很多生死重罪，何況是一天持上廿一遍、一〇八遍？生死都有了個數，可以讓觀世音菩薩把我們帶走了，不知道帶到哪裡去，不過「好康」（台語）的啦！一天最少廿一遍、一〇八遍。

晚上時可以持誦《阿彌陀經》，所謂「死有所歸」，我們唸《阿彌陀經》是歸到極樂世界去，把極樂世界人事物環境認識清楚，死的時候你就自然歸向那個人事物環境。

　　其餘的時間可以持「阿彌陀佛」、「南無阿彌陀佛」佛號、唸〈大悲咒〉，經典方面就是《普門品》跟《阿彌陀經》，這些就差不多了，簡短不長，又很保險，除此之外，平常還可以去聽經聞法。一天之中，把這些功課完成，大概對生死就有把握了。如果這些不喜歡，那起碼就唸《金剛經》跟〈大悲咒〉就可以了。

　　徒問：平常要不生妄想，是不是就專於護諸念頭，讓念頭不生，也不用唸咒或唸佛來指正念頭，就讓它自然的不生念頭就好了？

　　師答：當然能這樣做到是很好，怕就怕呆了，所以，清清楚楚唸佛也不錯，清清楚楚唸個〈大悲咒〉也是好的，當然你唸累了，那就放了不要唸也是好。

　　徒問：「華藏玄門」是什麼意思？還有「毗盧性海」是怎麼樣去入呢？

　　師答：「華藏玄門」叫做華藏世界的門，這個路怎麼走，華嚴世界這個路，就叫做普賢十大願；要走這個普賢十大願，你就會進入華嚴玄門。那麼「毗盧性海」是智慧海的意思，你如果進入華藏玄門，就是進入毗盧性海，就是智慧海了。

　　徒問：　師父您好。我曾請教法師，在俗世中如果沒有執著跟熱情，在工作上好像很難有所成就，法師指導說：凡事積極盡心盡力之後，便放下不去執著。但是我再想了想，要做到積極，即是一次不成功後，還必須要一再地努力，如此到底何時有止境？這樣一直不停的努力，是不是又變成另一種執著？請　師父開示，謝謝。

　　師父答：這個就像下雨，如果我們赤裸著身體淋雨，雨怎

麼也淋不進去裡面，因為雨水就從身上滑下了。精進不精進，不精進就停在那邊，一切的忙忙碌碌萬相是會自生、自顯、自滅、自解脫的，不是那麼樣有束縛的。我們的覺性是就好比不沾鍋，你任何的努力都是可以的，但是不要有得失心而生罣礙，你多麼想要成功都沒關係，但得失心一有就是苦，如果沒有得失心，你做得很努力、勤勞，它都是沒問題的，無有罣礙，懂不懂？

徒問：　如果完全沒有得失心，那麼所做的努力不管是開花結果，理論上是不需去在乎的，努力就是了；但在俗世當中做事，可能會設定一些目標，或者一件事情是對的要去做，但是做了沒達到那個結果，假設沒有得失心，是不是因為已經努力了就放下，但是基本上如果說那件事是真的值得做的，應該是永不放棄，還要再努力、再努力，那麼，止境在哪裡？

師父答：我們的生活，往往都是一個執著的生活，不管你怎麼做都是執著；最重要是如何讓自己不執著。當然，做事一定是有目標、有方向，讓我們一直努力去做，去成就，但是在進行過程當中，我們會遇到障礙，然而，不論失敗、成功都沒關係，不斷地往前走直到成功，這就是積極啊！所以過程中所遇的障礙，對你來說已不是什麼障礙，等到成功後也就沒有

什麼是成功了。我們在做事的過程中遇到障礙不是不成功，這個障礙如果你不在意，可能更能可以突破障礙；當你在意的時候，可能更沒有辦法去突破障礙，所以這是以退為進的理念，拿捏就是你在前進，但是以退為攻。

我們在生活當中，得失心是幻化而不實；成不成功也是你的業果，不是你很努力它就會成功，也不是你不努力它不成功，有的時候，成不成功是一個概念，也是你過去生的因緣果報。而真正就因緣法來說，也不是就讓你不要努力，因為你什麼都不做，可能什麼都沒有，而你有所努力，才會有所成果。所以有做以後才會有，沒有做什麼也沒有，再簡單的說，就是積極的做，閒閒的過。

徒問： 師父，我想再將問題回到寂靜修上面來。我想在座可能很多都還在練習這樣一個禪修法門，在聆聽寂靜的這個部分，一開始對我們來講滿抽象的，在具體上我們要如何練習，可以慢慢體悟出來；又或者平常在家裡，各種雜念干擾都很大，有什麼樣的方式可以較容易進入這個法門，否則很容易練幾下就半途而廢了。

師答：我們可以做做實驗，當我們聽到街上車子很吵很鬧，我們告訴自己這一切吵雜的聲音都是寂靜的，再聽聽，那些吵雜就不吵了。「一切唯心造」，當你的心認取寧靜時，一切都是寧靜的。比如飛機在跑，外面在吵，一切都是寧靜的，你已經把它歸納成寧靜了。

什麼是靜呢？就是沒有聲音；什麼是寂呢？就是極度的沒有聲音。沒有聲音的聲音叫做寂靜的聲音，我們聽到的一切聲音：「你看，這東西是寂靜的！」，如果用科學的分子去看，

它是吵的；但分子本身是寂靜的，一直到全部分子分解沒有的時候，也是靜的。所以什麼叫寂靜？就是任何存在，它都有寧靜的一面，任何不存在，它也沒有那種組合性的聲音，也就是沒有聲音的聲音，就叫做寂靜的聲音。我們聽寂靜的聲音，就是聽任何一個聲音要聽到它的寂靜，譬如地板，我常講地板沒有聲音，你如果心比較吵雜，就沒有辦法寧靜聽那個地板的聲音。來回多做幾次，就會逐漸寧靜下來，所謂寂靜的聲音，就是無聲之聲。

我們禪宗有一個公案禪語「隻手之聲」，一隻手的聲音，大家聽到什麼？有沒有聽到？就是啊，一隻手的聲音，就是沒有聲音。

以前有一個老和尚，人家來向他請法，老和尚就比一隻手指頭，來人似乎心有所悟，就高興的回去了。老和尚身邊的小和尚就跟他學了。一次老和尚不在家，又有人來請法，小和尚也就照樣，比了一隻手給人家看，來的人也都很高興回去了。之後小和尚就時常這麼做。

有一天老和尚把小和尚找來，問他：人家來請法時，你都是怎麼比給人家的？小和尚才將手指頭伸出來，老和尚就一把刀把他的手指頭給砍掉，小和尚立刻滿地跑啊、哭叫，老和尚要他回來，再問：「人家問你佛法的時候，你都是怎麼比的？」小和尚不自覺又伸起手，一見那沒有了的指頭，便開悟了。

所以，為什麼叫寂靜修？不是聽有跟沒有的，就是聽，就是聽寂靜，寂靜就是無聲之聲，沒有聲音的聲音修去會聽得到。大家在聽什麼？有得聽就不算數，沒得聽才是真的聽。

・大眾僧禪七──聆聽寂靜

2007年秋季　師父開示

禪修還是依照以往的四個步驟，著重點在「聽」、「觀照出入息」這兩個，反覆反覆地做。

第一步驟「調息」，我們身體裡面都是不好的二氧化碳，「吸氣、吐氣」能夠把它清除。

第二步驟「淨心觀照」，我們的心散亂，有時不曉得跑到哪去，必需回到「眼觀鼻、鼻觀嘴、嘴觀心、心無所觀」反覆反覆地做，意識就會集中，專一度就會很強。

第三是「覺知出入息」，覺知呼吸的冷、溫、長、短，粗、細，慢慢的覺知清楚，清清楚楚、明明白白的覺知這個呼吸，不要讓呼吸斷掉，覺知不清時就會斷掉，要能夠覺知清楚自己的出入息，專心的注意、觀照出息、入息。

第四個步驟「聆聽寂靜」，主要是引導我們能聽，而不是要聽那個寂靜，當然寂靜叫做無聲，無聲也是對，就是聽那個無聲，不是聽那個很靜很靜，而是聽那個無聲之聲，耳朵放鬆、全身放鬆來聽寂靜，無聲之聲。

這也等於是觀禪宗「狗子無佛性」，為什麼狗子沒有佛性？聽寂靜、聽無聲之聲跟這個「狗子沒有佛性」是相通的。聆聽寂靜，無聲之聲，自己要給自己一個引導，如果沒有引導好，我

們就會糊糊地修，聽寂靜最重要就是引出那個「能聽的」，「聽」就好，聽一切都是沒有的、無聲的。

我們聽自己的覺性、心性、般若自性。聆聽自己的覺性跟聆聽寂靜，有什麼差別呢？一個比較靠近無，一個比較靠近有無，自性是什麼？覺性是什麼？我們要聆聽自己靈知靈覺的覺性。

跟「有」有關，跟「無」也有關，聆聽覺性的時候，清清楚楚、明明白白的，到底怎麼聽呢？從聆聽一切都是寂靜的，慢慢的再進入覺知的聆聽，聆聽我們的覺性，放鬆放下的聆聽覺性。

以禪為一切修行根基

在輪迴生死裡面，不知不覺時光一天一天的過，但我們的修行在哪裡？了脫在哪裡？菩提心在哪裡？是否時時刻刻都不浪費自己的生命跟出家的時間？一個出家人是「自覺覺他」，沒有好好對自己下工夫，就沒有辦法有很好的正知、正見引導傳承，如果正知、正見具足，那傳承就非常的清明、持續、連貫，所以禪修是傳承工作必須要打的基礎，不管我們看經、誦經、工作、佛法事業，都要有禪修做根基，內在的穩定度才會具足，要不然我們的都是很輕浮的。禪定工夫好就能產生攝服力。如果不下工夫，很難去攝服頑強、難度、自恃高的人，大家在禪修方面就是要下工夫，你的威德力才能攝服群眾。

打破虛空　聞自性

馬祖道一教他嫂嫂一個法門「聽蛋的聲音」：「有一天蛋

跟你講話的時候，你就開悟了。」他嫂嫂就把蛋掛在廚房，整天就聽，做任何事情深怕錯過蛋跟她講話，一直聽，看什麼時候蛋跟她講話，蛋哪裡會講話呢！一直聽了十多年以後，蛋由草繩掉到地上，「啪！」一聲，打破虛空，她就聞自性了。

用了十年的工夫，麻繩掉了，才打破了空的寂靜，我們什麼時候聽到那個打破虛空的聲音，那就心開意解，開悟了。

寂靜修不是聽螞蟻叫、蟲叫，什麼叫都不是，是聽無聲之聲，一切都是寂靜的，無聲之聲，我們就只是聽，最重要是耳根圓通，不是耳聲圓通，也不是耳識圓通，所謂「根」，是聽的功能，不做分別、取捨，聆聽寂靜。

所謂的放下，就是放鬆的意思，放鬆、放下、聆聽無聲之聲，任何一個東西放在那裡，他就是靜靜的，無聲地在說話，說無聲之話，比如說這香板，它就在說無聲之話，啪！（香板一擊），這個聽起來有聲，就沒聲音，有聲也是無聲。

聆聽我們的般若覺性，安靜的聆聽，靜靜的聽，靜下自己，聽聽覺性，聆聽我們的心性，聆聽我們的靈覺，聆聽我們靈覺的寂靜，聆聽我們的般若心性的寂靜。

我們的身心都是一個泡沫、幻影，四大本空，地、水、火、風，沒有一樣是真實實在的，我們活在這個地、水、火、風、空、識六大裡面，我們一般只提四大地水火風沒有識大空大，但識大空大才是我們要修的。聆聽寂靜就是把識大破掉，用寂靜無聲破掉，進入空性的本明本空裡。

寂靜是什麼呢？把你眼睛的色相寂靜掉；把你的耳朵的聲相寂靜掉；把你味覺的味相寂靜掉；把你心意的意相寂靜掉；把你的身口意、色聲香味觸法都寂靜掉，才能夠內明無障，外

無所得。色聲香味觸法，這個叫做，啪！（香板一擊）寂靜掉、打掉它。

一切放下　得度超越

我們發奮圖強地放下一切，此身不向今生度，更向何時度此身？一切放下就得度，放不下只好輪迴。放下寂靜，寂靜放下，安靜的聽，聆聽自己的寂靜，啪！（香板一擊）清清爽爽！明明白白！清清楚楚！聆聽！聆聽覺性！什麼是覺性呢？每一個人有耳朵、有眼睛、有鼻子，都不管用，都能用。啪！（香板一擊）

一切都不可得，無聲無息，靜靜的聆聽，放下身心性命，聆聽寂靜。什麼叫寂靜啊？大家聽得懂嗎？耳朵放鬆、全身放鬆，啪！（香板一擊）聆聽寂靜，不要沈迷、沈醉在自己的糊里糊塗裡面，禪修就是清楚，清楚就是禪修，不是沈醉、不是顛倒、不是妄想、不是無明、不是自我，放下一切的幻覺，好好把自己的佛性聽出來、參出來，要不然都是假貨，都不是真貨。

很厲害，我這麼大聲，啪！（香板一擊）還有人在睡覺喔！好厲害喔！天打雷劈都不怕！學佛就是要生死一搏，如果不能夠搏鬥，那就要輪迴，要死棋的，禪修就是戰鬥，要打仗、要搏鬥生死的，精進努力的放下六根六識六塵，還要作用什麼嗎？

好，聆聽寂靜，靜靜的聽，放鬆放下。什麼是寂靜？只要你的耳根不作用就寂靜啦！只要六根六塵都不作用就寂靜啦！只要你的心意識不作用就寂靜啦！

　　什麼是我們的覺性？靈靈明明、清清楚楚，聆聽覺性。什麼時候迷失過？什麼時候沒有覺性？輪迴的時候無缺，在任何的時候都不失，靈靈明明、清清楚楚，只是惑業，三毒惑業。

　　腰椎打直，頭頂天，兩肩放鬆，身心舒暢，一切無執無作，腦袋瓜裡清清楚楚、明明白白，不要塞滿了一切的種子、輪迴的種子，放鬆腦袋瓜的積聚，聆聽寂靜，安靜的聆聽、聆聽寂靜。

　　我們在這個三界，欲界、色界、無色界，六道輪迴，在這個胎卵化濕，有想、無想、非有想非無想、非想非非想，四生九有裡面，一切唯心造，一切唯識現，輪迴就這樣子地發生，今天要離開這個輪迴之苦，必須破除四大五蘊八識。

　　聆聽寂靜，放鬆放下，一切都是虛幻的，不管你臉上長了瘡疤、長了麻子，不管你哪裡有什麼任何的障礙，都不重要，業果儼然，要能夠呈現體性的空寂，一切就要破，不能體現體性的空寂，一切唯心所造、唯識所顯的果報就很現實，生生世世糾纏不清，你來我往，一切的無明惑彼此灌溉，三毒五毒彼此栽培，共濟共生。

　　輪迴是不是那麼好呢？我們要離開輪迴，就要聽寂靜，一切都是寂靜的，什麼東西不寂靜呢？什麼東西真實存在？你聽聽看，都不是寂靜聲嗎？不要動心意識，好好聆聽，不要錯覺，不要顛倒，放下那份我執，你就超越了，超越什麼呢？超越罣礙、超越對立、超越惡業、惡果。

生死迅速　如實修行

　　我們禪修，一定要專心坐禪修，不能打閒岔，七天的時間，希望大家有所得。剛才給大家的方法，希望大家能夠不墮落的去領受這份法味。人生無常，轉眼就入土為安了，只是靈性很不安啊！今天很幸運能夠出家、修道，跟著很好的老師學習，大家好好的用心、精進，讓自己進入不生不滅、不垢不淨、不增不減，一個真如的實性，我們的自性覺明，沒有一時一刻失落在哪裡，只有自己的無明障礙，無明惑業糾纏不清，混成深溝，變成黯淡無光。今天有了唯一的寶「耳根圓通」，「聽」就是本性、「聽」就是光明、「聽」就是無執、「聽」就是般若，「聽」就是透明的，聆聽寂靜。

　　身體生老病死，病一來，什麼修行都修不成，什麼事業都做不成，身體好好的時候不修行，到老化的時候，簡直不堪設想，年輕的時候不努力，到了晚年，可悲，一旦有什麼病苦或死亡時，就悽慘了，這痛那痛，只要修行的事情就有業障，只要不修行的事情什麼都可以。這是什麼問題知道嗎？就是障道修行的業，使我們沒有辦法如實去修行，因為業障，一嚮往修道、成道的時候，障礙就爬起來了，坐不住、一坐下來就胡思亂想，這障道因緣的業是滿重的，面對這樣的問題，〈大悲咒〉相當好，會迅速的除去這些障道因緣。

　　所以禪七打坐你不來參加，就只有參加無明惑，參加輪迴的機會，參加三毒五毒，而參加禪七這個清理的工作你卻沒辦法，大家想想看，正確的事情我們如此地不積極、不正面、不精進、沒有正念，這是相當可惜的。

信施難消

禪七閉關，有很多信眾打齋、服務、供養，花很多的金錢、時間護持，如果我們懈怠、不精進、胡思亂想，對信眾很難有一個回饋，如此就叫做「信施難消」。要警覺一切來之不易，精進於禪修、長養慧命，把佛法學到可以回饋給眾生。

每一個人能夠出家是很難得的，天時、地利、人和都讓我們能好好的精進學習，如果沒有把握，時間剎那就過了，下輩子就不曉得何去何從了。在生活中如果沒有正見、正念，那也是信施難消，要知道畏懼因果，連因果都不怕，真的就不用修行了。學佛最重要是知道因果的恐懼，例如身語意所生的因果，學了佛就是要努力讓因果能夠轉成好的，甚至可以證悟到離開因緣的變化，得到自在。生活中平常戲論、玩笑，不知道自己出家人的威儀，生活的種種點點我們不知道規範好、做好，這叫信施難消，把時間都浪費掉，沒有去珍惜每一個時間來回饋我們的信眾及一切眾生。

大家想想看平常日子是怎麼過的？要精進禪修來匡正我們的念頭，讓自己在因果上能夠負責任，能夠怕因果而去負責任；對種種心思變動都能夠謹慎、警惕的去改正修行、轉換修行。不知不覺就造了口業的恩怨；意業呢，心裡想的老是不清淨、染濁的，當然這是無始以來的習性，但我們進了這個品質改造的工廠（指出了家），就是為了品質改良昇華成為聖的甘露來利益眾生，但如今進了這個工廠，品質卻不能改造，不能良性循環，那麼我們出家真的是很大的一個浪費。

另外，我們要知道今天能修行要感恩常住，要有群體觀

念，大眾要彼此顧念彼此，彼此照顧彼此，這樣呢就不會太墮落。還要做一點公家的事情，你才能夠有福氣消受十方信眾供養的東西，如果不修行不利益大眾，白吃白喝，到時候做牛做馬忙不完的，想賺便宜，哪有那麼容易啊！所以我們平常，在廟裡面生活，多多少少領一份執事，多多少少做一點事情，你可以饒過自己，團隊可以饒過自己，因果是不饒人啊！所以大家一定要福慧雙修。

好，聆聽，聆聽寂靜。

簡單、樸實、寡欲淡薄

「戒」是收攝，「定」是改良，「慧」是照破無明，如果不從這三個去實修，只搞些有的跟沒有的，這就是犯戒的。

沙彌十戒這麼簡單都守不好，更何況二百多條比丘戒，三百多條比丘尼戒，我們連記都記不得，連想也想不起來，怎麼去守？最少把沙彌戒搞清楚了，以此做本，去長養更好的戒，提升出家生活的品質。

一個修行人是越樸實越好、越清淡越好，簡單、樸實、清淡，寡欲淡薄，這就是一個「僧格」，修道人的「格」，不是浮華奢侈、貪欲，在生活裡不知滿足，欲所欲求，這些都是要警惕的。

出家人就是很簡單，尤其我們是禪宗，就更簡單了，離語言文字，房裡就是三衣一缽，如果堆積得像倉庫一樣滿，我們的內心怎麼會清爽、乾淨呢？越簡單越好，這就是修行人。

佛法重要於實踐上，沒有實踐，什麼都只是知識，知識就是煩惱、生滅，生活中不要被現代的科技迷惑，做在家那麼多

繁複的事，把時間浪費掉了，造成修行沒有進度，出家就要過很儉樸、簡單的生活，思想也就會單純。

學佛修道　如喪考妣　如臨深淵　如履薄冰

我們好好的反省生活當中的懈怠放逸，怎麼才不放逸？一個人學佛法，如喪考妣、如臨深淵、如履薄冰，就像死了父母那樣，槁木死灰，所以能夠好好精進。要很小心的走這條修行路；不是那麼大搖大擺、肆無忌憚，一不小心就墮入深坑、陷阱，出家這麼好的生命就會被自己搞壞了。從現在開始，好好檢點出家的生活，自己要怎麼做個小行者，小菩薩，我們好好的規劃自己，不要打混，漫無目標。

我們的打坐就痠、麻、脹、痛，這是自然的，一邊忍一邊過，就這樣子修，自然而然就「穩當的、妥當的（台語）」，如此修行進行，緩慢而有一個過程，但是會有很好的成果。

以前師父打坐，因為沒什麼人指導，氣血、氣脈在走也搞不清楚，反正就自己這樣坐，獲得了很多的經驗，忍兩個腿的痠痛、腰痛，那毛細孔一打開就癢，一被風吹就感冒，這些問題當時都不太搞不清楚。所以我們「磕膝頭」（指：膝蓋）要蓋好，一些容易進風的地方，比如說後面的腰、腎，這些關節、關竅的地方都要注意。

要給自己多一點在禪堂裡面的時間磨練、提升自己，也把這種生活規矩搞清楚，平常我們接觸信徒較頻繁，就忘失了僧格、模糊掉了。在禪堂就是培養你的僧格、靈性之格，也把這些成就者的經驗傳達給大家，讓大家能夠學習。

無明惑業　此生彼沒　彼沒此生　循環不已

　　無明迷惑，就是我們的種種障礙，我們的覺性被蓋障、遮障遮住了。對於無明惑沒有辦法去解悟，就造成輪迴生死。無明又叫做癡業，就是沒有智慧。

　　是誰讓我們在遮障、蓋障中輪迴生死？四生九有，是誰安排的？事實上都是自己安排的。因為心具足一切的緣起，自性能生萬法，如果我們沒有辦法迴光返照時，我們就變成緣起法，在緣起法裡我們能夠斷見思惑就是破我執，能夠斷塵沙惑叫做破法執，不能夠了知空性，見到任何東西不能夠知道它的本質「如夢幻泡影，如露亦如電」，那就是幻滅、泡沫、不定，如水中月，空中花。在緣起裡不去觀照空性，我們就會有見惑、思惑，產生我執及取捨。

　　我們因「見惑」、「思惑」而產生無明，主要的問題在「愛」，因愛產生見思惑，大致就是「自」、「法」兩個執著，我執跟法執互動循環，形成習氣，習氣垢染慢慢累積後變成塵沙惑，促成了生死的習氣垢染，儲存於阿賴耶識，從阿賴耶識變成眾生，從眾生裡面產生輪迴，此生彼沒，彼沒此生，循環不已。

　　清淨的覺性起了這兩種執著，產生眾生。如何破除二執，回到心的清淨性？這是我們今天坐禪的目的。禪就是覺性，能空等於覺性，它不屬於顯性的法執，也不屬於隱性的我執，顯性就是諸法、一切法；隱性叫作空，這兩個執著是從四大五蘊發展出來的，我執跟法執。如何能夠淨化呢？只有觀照覺性。

　　大家輪迴苦不苦？你們現在苦不苦？自己的想法，覺得

苦；別人的想法，跟你不一樣，也苦。這些眾生的差別性，由各個角度所思維都不一樣，你是不是在內心覺得這些眾生很污染？說到底我們的苦就是欲望、愛取。欲望是苦，患得患失，要佔有，又會消失，不佔有，又覺得空洞。真的是苦，生是苦、老是苦、病是苦、死是苦，冷的時候冷得要死，熱的時候熱得要死，這都叫做苦。還有五蘊熾盛苦，我們每個想法，都是一個苦。我們自己想想看，到底什麼不苦？這些苦從哪裡來？都是不認識空性的本質，所以我們會苦在一切有裡面。

聆聽　與空性相應　與覺性相應

為什麼要聽寂靜之聲呢？什麼是寂靜之聲呢？就是無聲之聲。跟空性相應。聽寂靜的時候，一切的寂靜都是無聲的、安靜的、跟我們的覺性、空性相應。我們一直在聽、一直在觀照，用耳朵的角度進入觀照。

止就是把你的一切妄念拉回來「聽」叫做止。觀，就是聽得很清楚，觀照得很清楚，清清楚楚、寂寂靜靜的聽。聽得清楚明白、聽的不混雜、混亂、混濁，叫做照。如果聽了含糊、搞不清楚狀況，則叫做無明混濁。要是聽了會煩，這叫做掉舉散亂。

要聽的清楚明朗，安住在清楚明朗的覺性裡面，產生首楞嚴定。什麼叫做首楞嚴定？這叫做「心性的大地」，這種大地不出不入，如來性也是不出不入、不來不去。平常的三昧有進有出、有來有去。返聞聞自性，是我們的根本，本來如此，只是鞏固好而到達習氣脫落，讓遍滿的智慧顯現，這就叫成就了。然而現在，我們遍滿的智慧都「滿載」，叫做阿賴耶識，

垢染習氣累積而成為眾生。

我們本來是不染著、清淨的,因為有了身體,產生五蘊、六根、六塵、六識,產生我執、法執,這兩個執著淹沒了我們的如來藏。所以現在要回歸我們的覺性,呈現本來面目。

佛法傳承的願力與勇氣

大家清楚什麼叫修道了嗎?修行,要非常自覺、自發的,勤勞反覆的觀照覺性,沒有所謂「白吃的午餐」、「天上掉下

來的成功」。平常我們做的「善」跟「惡」無法相比，惡一定比善多，屈指算一算，每天都是惡業多，想想看，口業、身業、意業、貪瞋癡慢疑、嫉妒，我們的敵人到處都是，這些染淨的東西要靠早晚打坐清理清理，返聞自性，觀照我們的覺性。

怎麼觀呢？聆聽寂靜。把我們的覺性孤立起來，用寂靜把它孤立起來，變成靈光獨耀。我們平常雜染遍滿，除了用寂靜把它孤立起來，還要認清楚我們的覺性是什麼。孤立以後，我們的覺性就會露出頭角，讓我們看到，所以寂靜修是非常特別的修法，大家要摸透搞熟。

禪，人人本具，個個不無，只要撿回就好，有什麼困難？要撿就有，把最珍貴的撿起來，不好的就不要去撿。什麼東西不好呢？四大五蘊。所以就要丟掉它，轉識成智，轉五蘊成五智，智是什麼呢？智就是照明，識是什麼呢？分別執著。

修行就是自動自發，勇往直前、一直做、一直做、不怕苦、不怕累、不怕麻煩，反覆地做、反覆地做，終究會熬出頭，修行啊人家是肯下工夫熬出來的，不是困難的事情。以前在大陸叢林的修行人，沒事幹天天就坐禪，就這麼熬，吃菜脯、豆干，清湯，只能吃粥，沒有米飯可以吃，就這樣熬出很多人才，眾生也才會有福祉。如果沒有辦法坐出一些祖師、禪師，那麼眾生就會苦，以心印心的傳承也就斷了沒得傳。你們不妨再連結起來，以心傳心，以心印心，看大家有沒有這個願力跟勇氣。

·僧委禪七——參話頭

明緣起（2006年秋季）

上師於2006年閉關期間，召集本山僧伽委員傳法禪修，鹿鳴數日，師言：此乃吉祥之兆！

明示此次禪修有二目的，一者建立傳承、二者體道起信。統理大眾，因信而生力、因體證而導引眾生出離輪迴。

所傳宗法——觀照覺知，參悟本來面目：「本明原始無造作，遠離邊際光明作供養」

第一天

入關開示、提話頭

作為一個教團僧伽委員會的成員，我們有責任將靈鷲山的宗風傳承下去。所以，特別在我閉關的期間撥出時間，請大家撥七天的時間，共同來精進。

我們靈鷲山，既然能有這麼多的信眾，這麼多的出家師兄弟，我們就必須先把自己修行的本份做好，就是我們禪的這份傳承，能夠建立信心，讓這個禪的傳承推廣出去，沒有信，就沒有辦法實踐，也沒有辦法產生力量。信，才會產生力量，才會開始去實踐。沒有信，法是不會有力量的。

禪宗，是師徒制，師父將他的禪法傳給徒弟，當然每一種傳承都是要親身經歷，才能教授徒眾。要真正獲得證量，才能夠帶領大家出離輪迴，如果我們沒有那份證量，就不知道把眾生帶到哪裡去。所以，我們必須建立宗風，建立傳承。大家必須在這個禮拜有一些體會，這次的方法叫做參悟： 我們本明原始無造作，遠離邊際光明的本來面目、本地風光，是我們原本具足的。

我們現在就是來看，我們原本具足的這份本明原始無造的，遠離邊際光明，常常作供養的本來面目。這次大家做一個事情，就是「聞思修」，就是心外無法、 不要心外求法、就是做「觀照你的覺知」，這七天呢，好好去做這個工夫。

我們這個身體是四大和合的，所以它是屬於外在的。而我們每一個念頭是生滅的、變化的、不實在的，也就是幻起幻滅，是不真實的。所以我們內在外在，到底什麼是真實的呢？我們現在要觀照我們覺知的心，來找回我們真實的本來面目。什麼是本來面目？不是因為你修而來，不是因為你不修而失去，他是本來具足的。不生不滅、不垢不淨、不增不減。到底是誰在生滅？是什麼在生滅？

我們每個念頭都在取相生心，這叫做緣慮心，還有我們的肉團心，身體死了就沒有了。到底我們的真心是什麼呢？既不是肉團心，也不是緣慮心。所以，要把這些不是心的東西，通通看清楚。什麼不是真心？我們這個禮拜，就是看，用你的覺知去看，哪一個東西不是你的真心？一路破下去。不

是的，我們就不要去選擇它！閉眼、睜眼，都是在觀照你的覺知，要清清楚楚、明明白白的去觀照。所謂的惺惺寂寂，寂寂惺惺，一切有相的，都不是我們的心，都是生滅的、幻有的。在有裡面是生滅的，在空裡面是找不到的。

昨天晚上、前天晚上，我們這裡有鹿在叫，表示是一個吉祥的徵兆，表示大家這次禪修呢，是一個吉祥的事情，在過去經驗裡，是有大人物來的時候，才會有鹿在叫，可見得這次禪修是很殊勝的。

第二天

禪觀口訣

第一個工作就是覺照自己的知覺、覺知，觀照自己的覺知。第二個工作就是找「什麼是我們的本來面目」。

我們從每一個念頭去看是不是自己，從身體每一個生理部份去看，哪一個是本來面目？哪一些是？哪一些不是？或者通通是？ 要去觀察、覺知我們的本來面目；要去找尋、分析，到底哪一個是我們的本來面目。是生理呢？還是精神呢？或者精神與物質通通是呢？ 身心靈通通是呢？或者是只有心？ 或者是靈？或者身心靈都不是？ 我們觀照自己的覺知。一切皆是夢幻泡影，身體是聚沫，心是幻有，哪一個是我的本來面目？ 從覺照覺知裡面去參悟。

一般古德是用「無」字，看一個「無」字去找尋本來面目，「狗子無佛性」，狗子為什麼沒有佛性？

什麼是我們的本來面目？我們去覺照、觀察。

　　我們本來面目就是：「本明原始無造作，遠離邊際光明。」什麼是我們本來面目？ 是一個口頭的講話嗎？那講話的是誰？打坐的是誰？身是什麼？四大和合。心又是什麼？或者我們都不要管他，一直去看、一直去找，什麼是我們的本來面目？

　　我們的心安住在覺知，觀照在這個覺知上，其實不一定把眼睛閉起來觀照。閉眼的觀照跟開眼的觀照一樣，或者不一樣？不要養成一直閉眼睛，我們要開眼閉眼都能夠一如，才不會只能閉著眼睛搞，在黑漆筒裡面搞，當打開眼睛時就沒輒了，因為平常的時間裡，我們打開眼睛的時間多於閉眼的時間，所以你要開著眼睛的時候也會修。

　　觀照我們的覺知、找回我們的本來面目！

　　什麼是我們的本來面目？身心皆如幻，了不可得！

　　什麼是我們的本來面目？本明！本明原始無造作，遠離邊際光明。

　　什麼叫遠離邊際光明？就是我們的見聞覺知都不在現象裡面。

　　我們的本來面目是「本明原始無造作，遠離邊際光明作供養」。所謂的供養就是付出，供養就是放下、就是給予、就是不執著。

　　本來面目、本地風光、心地法門，什麼是心？什麼是地？什麼是法？什麼是門？我們禪宗就是叫做心地法門。

　　我們的本來面目──通過性月恆明而能顯月。

　　一切放下！安住本來！一切妄念放下！一切身心罣礙放下！安住本來，本明原始無造作！

我們的心是明的，我們的意識是分別的，叫做意想分別。如果我們心在意想、心在分別，那就是生死輪迴，如果心可以明在空性、明在無所得，那麼就可以無生滅。

　　所以，我們的本來面目是什麼？ 就在那裡，也不增、也不減，也沒有動搖過，也沒有來過，也沒有去過，就在這個虛空，就在無邊際的世界裡，從來也沒有來去過！

　　當下觀照我們的覺知，不要一直睡覺！觀照什麼人在昏沉？ 為什麼我們的覺性會昏沉呢？ 是什麼原因呢？我們本來的覺性怎麼會有昏沉？ 我們的本來面目從來不會睡覺，也從來沒有迷惑過，從來沒有沾染過。本淨本明，就在那裡，只是我們從來沒有深思熟慮地看它，我們也沒有那麼多時間跟它在一起。你看，能聽、能看、能想，不一定用身體，不一定用這眼、耳、鼻、舌、身、意，就能想、能看、能聽。聽在無聲、看在無相、想在無我、分別在無意識。

　　禪宗一直在追問：「念佛是誰？」、「什麼是我的本來面目？」一直在追問、一直在觀照，把這些妄念從追問裡面，慢慢的把它斬斷。一直窮追不捨，妄念就愈來愈少，追到最後就沒有妄念可得。一般，我們修行常常是斷斷續續，我們的念頭在觀照時，不是持續的，這叫做分段生死、變異生死，每一個念頭起起落落、念頭總是在變異。修行要一直追察觀看我們的本來面目。

　　什麼是我們的本來面目？ 本明原始無造作，遠離邊際光明作供養！反覆反覆地看這句話，不要看來看去一直都是妄想。

　　我們的本地風光、本來面目，在哪裡？ 是什麼？

如來禪與祖師禪

如來禪就是「有」，就是「觀照本來面目」！是默默地觀照我們的本來面目。

祖師禪就是用「疑情」來參透本來面目。就是專注：什麼是我們的本來面目？不斷地去看、去參、去專一、去凝聚，讓這個謎團升起、然後持續、到達丟也丟不開，放也放不下的境界，然後到達打成一片，一直到證得實相涅槃。我比較有興趣的是這個。這個話頭呢就是：「什麼是我們的本來面目？」如果大家一直不斷用這個方法去生起疑情、持續專注，那麼，即能了知：觀靈覺即是菩提。在這個觀靈覺是菩提裡面，就是如來禪了。

觀照我們的覺知，然後參悟「什麼是我們的本來面目」，縱然找到答案也是沒有答案，縱然找不到答案也是答案。所以，就是把這個疑情能夠提起，當然，提起時就是一個專注力，要打死這些妄念，那就是淨念相續。

我們的本來面目，沒有失去過，不管有沒有這個身體，都是具足的，身體有就具足，無也具足；有想法也具足，沒有想法也具足。

什麼是本來面目？什麼是我們的本來面目？本地風光？心為本、心為地。

其實我們的本來面目，不是修來的，本來在那裡！所以我們只是在做任持的工作。怎麼任持到這個本來面目？無頭無尾、無顏色、無現象、無眼耳鼻舌身意、無色聲香味觸法，所以就是無眼界，就是沒有現象，無眼界無意識界，沒有分別執

著的現象。

　　本來面目，就在當下！觀照我們的本來面目，覺知我們的本來面目，把一切放下、一切休歇。「本明原始無造作」，不造作、放鬆放下、不執內、不執外、不在內、不在外、本來具足，當下明明白白清清楚楚，當下不惑、當下不迷。

　　什麼是我們的本來面目？天然渾成，所以叫做不垢不淨。本來面目在哪裡？本來面目是什麼？直觀、直看、直參！

　　我們的每一個想法是個投影，每一個現象都是生滅，投影的生滅，每一個現象本來就是變異、無常，所以我們的本來面目，離心意識、離分別、離造作、離混雜！

如何明心見性？

　　心性是什麼？我們的肉體是一個生滅變化的現象。無時無刻不在生滅變化。這是肉體的特質。那我們的靈性的特質是什麼？覺性的特質是什麼？如果搞不清楚特質是什麼，要明什麼心？見什麼性？要明白我們的本性，什麼是明？一定要看清楚，怎麼叫做明？怎麼叫做空？

　　我們本來面目就是我們的主人翁，我們生死輪迴什麼都不能做主，只有找回自己的主人翁才能夠做主。什麼叫做主人翁？就是本來面目。什麼是我們的本來面目？本明、本空、本淨。所以我們要從特質去看，冬瓜的籽是什麼？西瓜的籽是什麼？　各有它的特質，那我們的覺性的本質是什麼？心性的本質是什麼？如果我們不是這樣去探索、去參悟，那麼我們還是我們，不會改變什麼的。

　　我們的本來面目就在那裡！如何去任持？要去分析、探

索，追究到最後能夠現前。 什麼是我們的本來面目？什麼樣子？無形無相、無頭無尾，沒有任何的顏色，要看到心的本質，是要沉靜的，要相當沉靜，所以要禪坐啊！才能夠微細觀察，心不靜，心就很粗，沒有辦法見到本性。

入流亡所

我們的心念不要留住在各種的現象，所謂「不入流」就是不去追逐念頭、追逐現象、「不尋思」就是不入妄念之流。不入諸現象、不追逐每一個念頭，叫做觀照。觀照自己的心，不入一切的現象、不隨諸念頭，所以叫無住生心。所謂本來，也就是不會有出有入、也不會隨與不隨。我們的本來面目到底是什麼？非見相取相可得，亦非在見聞覺知。

我們的心，無頭無尾。什麼是覺？什麼是性？覺者靈覺靈知、性者體也。靈覺靈知的體性是空性。靈覺靈知又是什麼呢？就是「本明原始無造作」。它的整個特質跟功能是叫「遠離邊際光明作供養」。遠離邊際的光明，是一種沒有取捨的狀況，所以叫做供養，所謂「供養」就呈現的意思。

什麼是我們的本來面目？

我們還是以七佛偈來思惟：

「身從無相中受生，猶如幻出諸形象。幻人心識本來無，罪福皆空無所住」。

「起諸善法本是幻。造諸惡業亦是幻。身如聚沫心如風。幻出無根無實性。」

「假借四大以為身。心本無生因境有。前境若無心亦無。罪福如幻起亦滅。」

「見身無實是佛見。了心如幻是佛了。了得身心本性空。斯人與佛何殊別。」

「佛不見身知是佛。若實有知別無佛。智者能知罪性空。坦然不懼於生死。」

「一切眾生性清淨。從本無生無可滅。即此身心是幻生。幻化之中無罪福。」

「法本法無法。無法法亦法。今付無法時。法法何曾法。」

我們再念禪宗四祖道信的語錄：

「百千法門，同歸方寸，河沙妙德，總在心源。一切戒門、定門、慧門、神通變化，悉自具足，不離汝心。一切煩惱業障，本來空寂。一切因果，皆如夢幻。無三界可出，無菩提可求。人與非人，性相平等。大道虛曠，絕思絕慮。如是之法，汝今已得，更無闕少，與佛何殊？更無別法，汝但任心自在，莫作觀行，亦莫澄心，莫起貪嗔，莫懷愁慮，蕩蕩無礙，任意縱橫，不作諸善，不作諸惡，行住坐臥，觸目遇緣，總是佛之妙用。快樂無憂，故名為佛。」

「既不許作觀行，於境起時，心如何對治？」

「境緣無好醜，好醜起於心。心若不強名，妄情從何起？妄情既不起，真心任遍知。汝但隨心自在，無復對治，即名常住法身，無有變異。」

這個是從文字理念上去解析的，那從我們本來面目是怎麼去看呢？

就是從我們的光明體性去觀照：

明空則空，明有則有，明是則是，明非則非，明得為得，明失為失。所以一切的變化是唯識所顯、唯心所造。我們本來面目呢就像一面大鏡子，物來映物、物去不留。今天大家要參悟你的本來面目，就要看看你這面鏡子，物來映物、物去不留，本明原始無造作，遠離邊際光明作供養。我們這面大鏡子呢，靈靈覺覺，沒有形、沒有體，體性虛無，光亮無邊。我們現在因為有肉團心、攀緣心，而我們的靈覺心又沒有任持，所以我們只能用攀緣心跟肉團心，所以就是叫做混濁的生命。

什麼是我們的本來面目？我們本來面目叫做清淨絕緣體。我們不用去斷，因為它本來就斷得好好的；我們不要除，它本來就除得好好的，只是我們沒有發現它的本質、它的實相，所以我們必須要在這裡找回我們的本來面目——主人翁，我們的主人翁是何物呢？物來映物、身來映身、身去不留。

自性昭 體性空

什麼是我們本來面目？我常講的叫「自性昭、體性空」。當講到本來面目的時候，大致上講兩個，叫「體性空、自性昭」，當講到法界時則是「大悲周遍」。只要我們下工夫，結果是自然成。所以呢，就要看到什麼是「體」，事實上講體，就是要明白體性空。體性空裡面到底還有什麼特質呢？那就叫做自性昭。進一步，還有什麼更生動的沒有？就是大悲周遍。所以我們本來面目是這麼好找，這怎麼去認持？

用我們所觀照的覺知，去看體性空、自性昭、大悲週遍。

「本明原始無造作，遠離邊際光明作供養。」本明是什麼呢？就是我們本來具足的自性昭。講到原始無造作就是體性

空，講到遠離邊際作供養就是大悲周遍，我們的本來面目在哪裡？我們的本地風光在哪裡？就是體性空、自性昭、大悲周遍。

靈光獨耀

觀照，就要清清明明的覺知。

不管是胎卵化生，靈識在任何一個地方，都是同樣的靈敏。

無論是大或小的生命，靈識藏在芥子裡面，跟藏在虛空是一樣的。靈覺的奇妙跟神聖，可以無限也可以極微，生命就是這個樣子，活活潑潑的、靈靈光光的，什麼都可以搞得清楚。靈是覺的，識是昧的。由於識的分別執著，所以它變成各種眾生，如果能夠照破這個識的執著，那麼我們就不在大小的範圍內。我們觀照本來面目：是大？是小？是高？是低？是胖？是瘦？這個是、這個不是。我們要找的本來面目，不管大小，它是活活潑潑、靈靈敏敏的。看它是多大，它是等同虛空、無所不在的。所以要化掉這些外相的識執，要觀照般若。般若就是要見空，要找本來面目，就要從般若的角度去看，這是我們本有的，本有的這個般若，你只要找到它，那麼它就在那裡。我們就是跟它相處在一起，行住坐臥都沒有離開過它，吃喝拉撒也沒有離開過它，可是它是什麼？我們的本來面目，什麼是我們的本來面目？

千古不昧，萬古常存，靈靈覺覺，靈光獨耀。什麼叫做獨耀？什麼是靈光？什麼是我們本來面目？我們如何觀照靈覺即是菩提？什麼是靈覺？從我們的覺知去觀照，覺知跟意識分別

不同，心是明，心也是空，而意是什麼呢？意想造作。什麼是識呢？分別執持。所以意識是輪迴的、不定的。那麼心呢？就像月亮太陽，處於空，明照一切。

同一個本來面目，我找到了，你不一定找到

清楚明白的看著它，什麼是我們的本來面目？什麼是我們的本地風光？

在我們的覺性大海裡，緣生則生，緣滅則滅，緣聚則合，緣滅則散，所以一切法都是因緣生、因緣滅。在這個覺性海裡是不增不減、不垢不淨，所以，什麼是我們的本來面目？我的本來面目是你的本來面目，你的本來面目是我的本來面目。可是我找到了，你不一定找到；你找到了，我不一定找到。到底您的本來面目跟我的本來面目有什麼不同呢？在這個孤寒的夜晚，禪修是最好的，風瑟瑟、月灰灰。

孤寒的生活與命運，修行才能夠得力，如果不是這樣呢，我們有那麼多攀緣心、戲論心，冷不下來、靜不下來，心要冷得下來、靜得下來，就要有一點孤寂的生活。因為這種孤寒的心境它會剝落很多的罣礙，浮動的心會慢慢冷卻下來。就變得非常的有體驗、有感受。當然我們在找尋本來面目，那沒有什麼熱鬧、不熱鬧，也沒有什麼孤寒、不孤寒的，就是一個工作──找回我的本來面目。什麼是我的本來面目？那一點是我的本來面目？那一點不是我的本來面目？

本來面目呢就在當下，清清楚楚明明白白，什麼都不是，就在那裡！

第三天

我們只有一個世界——性海世界

　　心為法、心為門。

　　什麼是我們的本來面目？ 不是任何的造形。

　　我們本來面目是什麼？ 離一切相即是佛。

　　我們的心念的有為法？ 現象的有為法都是虛幻不實。

　　心識所成的造形都是叫做生滅，有如泡沫，起伏不定，所以緣生則生，緣滅則滅，沒有長久不壞的東西。因為時間一直在變動，所以一切現象都在時間裡面，一切有為法都在時間裡面。每一分一秒都在生滅，生滅是不可得。每天我們生活裡面人事的生滅、事業的生滅、富貴榮華的生滅、感情的生滅、得失的生滅都是夢幻泡影，它隨著時間的強弱、興衰、生住異滅。

　　怎麼讓生起的都會融於空性，怎麼讓滅去的都會融於無生？覺性是遠離這些生滅邊際而呈現的光明。所以整個生命體是有如大海，在海裡面起了生滅、起了有無，這些都是叫波浪，但是永遠都沒有辦法離開海水。這些現象生於覺性裡面，就像波浪，永遠都是在覺性之海裡面不生、不滅、不垢、不淨、不增、不減。

　　在開悟的時候，生命不是在個人，而是在一個共同的覺性大海裡面，每一個變化都是我們性海裡面的變化。因此，不要在這裡面生起貪、瞋、癡、慢、疑五毒，污染生命的共同體，這不太環保。我們要最好心性的環保，就是要圓照清淨覺性，

圓照的意思就是在觀照一切現象都是清淨覺性所顯現的，不要起一切對立跟衝突，因為性海裡面就是獨一無二的，沒有一個叫做對立。我們起對立的心的時候，就要知道這,些叫生滅。

在性海之中，如如不動、如如不昧。一旦我們體認這個覺性的時候，它不是輪迴到哪一個世界，因為我們只有一個世界，叫做性海的世界。

性海世界它是獨一的，所以生死輪迴只是一個意識流動的變化，意識生滅的變化。所以我們要用寂滅的心去看任何的一個起滅，這個寂滅的心，就是不可取不可得，當下你做到了，你就進入常寂光土，當下就是寂光淨土，沒有什麼這個世界、那個世界的，如果有的話就是一個願力跟化身，所以我們這個實相的莊嚴報土，就是寂光淨土，又叫做性海的國度，只要你回到心性，只要你回到覺性，安住在覺性大海上，就是實相莊嚴的報土。有人說：「死了以後到哪裡去？」就是不來不去，這個性海裡面哪有來去啊！來去的是我們的業識結集。眾生啊，互相的業識勾集，牽扯出彼此的恩怨業報，然後產生輪迴，所以現在、當下回到我們的本來面目，這個空明無礙的寂光淨土，也就是常寂光土。

修禪要到哪裡去？──常寂光土。不管在哪裡，都不會離開常寂光土。

輪迴是很苦的，這種互相的身心靈的折磨、墮落、仇敵、陷害、殺戮，海裡面互相吞食，人類互相的傷害，用盡手段、用盡方法、用盡心機、用盡一切的殘忍的方法面對生命。所以我們如果不離開輪迴的苦，那就是一直不斷的在這種生死交煎的果報中輪迴。今天男、明天女；今天父母、明天子女。一直

不斷的互為因果，在輪迴中相互牽扯，產生了這種密度非常高、非常精確的輪迴基因。

眾生的意識勾集是沒有停止過的，你要讓他停止是不可能的，只有放下，唯有回到佛法，回到本來面目。離開了本來面目將是一無所得。

「靈明虛照大千界，寂滅性空體如如。」這是我在靈骨塔的時候作的偈。我們的肉體擴大來想，就是一個虛空大海，而虛空王是我們的心；我們的妄念是波浪。當我們的肉體這個虛空大海裡面起了波浪（念頭），而虛空王（指心）呢，它是不動不變的，像太陽一樣，遍照一切，一切的妄念在太陽底下照下來，它就消融，我們的心念在心王這個太陽照耀下，照見了五蘊皆空，照見了一切無所得，一切妄念身心，妄念塵染都了不可得。

我們一直要做這種照明的工作，修行唯有從觀照下手，沒有從觀照下手就是昏昧的。所以我們要常常做到「觀自在菩薩」，要自在就要行深般若波羅蜜多，就是行深空性。反覆反覆在空性上觀照，深行空性、深入觀照、行深般若波羅蜜多，才能夠把五蘊照空，才能夠度一切心中之苦、輪迴之苦。

我們的覺性啊，就是我們本來面目！常常安住在這個心地上、安住在本來面目上、安住在虛空王上。觀照這個本來面目就是虛空，垢染塵埃慢慢地脫落掉，才能破除六識的分別、七識的執著、八識的庫存，讓它轉識清淨。不觀照就不能轉識清淨，所以我們禪修就是做這個修行方法——觀照。

狗子沒有佛性

狗子沒有佛性，狗沒有佛性，我們的佛性在哪裡？

生命中紛紛擾擾、寒來暑去，就這樣生、就這樣滅。人情冷暖，生命之間互相煎熬，如果不是用佛法的正知見來面對，就在熬煉當中變成了犧牲品。

什麼是我們的本來面目？我們不要被環境所轉，要在各自的心地上安住。觀照覺知，清楚的覺知，安住在這個清楚的覺知裡面。

什麼是我們的本來面目？ 無實無虛的呈現。無實是看不到具體的呈現，無虛是遍一切處都充滿。到底是什麼？無頭無尾、無色無相，離一切的造作現象，即是「本明原始無造作，遠離邊際光明作供養。」觀照我們清淨的覺知，安住在覺知的光明。

要破除我執，才能夠離開輪迴。什麼是我執？就是輪迴的主體。我們怎麼看到自己的主體性？是身體？是想法？我們以為身體與想法是我們的主體，於是盡其所能地愛護它、珍惜它，這就形成了主見。因什麼而建立主見？ 那是因為執著這個身體而立的主見，為了利益這個身體，產生自私心，因為有了私心利益自己， 就會產生對立，只要有自私就是會與自己以外互相對立。

要破掉我執這個主見，才能夠真正和諧與和平。主見是什麼？就是看到什麼就是以為什麼，見相執相、見相生心。事實上一切都是因緣和合，只是一個假相，我們在假相上意識分別，將這個分別執著為我，我們根據了這個假象分別的我，去

製造各種傷害，因為傷害而得到惡果。

如何去除我執呢？首先要去除身見。我們的本來面目有身嗎？以什麼為身呢？有見嗎？我們本來是沒有這個身體，錯將業識形成的身體當作是我。當這個身體不存在的時候，我在哪裡？一切萬有都是虛幻的，所以我們的執著在哪裡？身體的虛幻、觀念虛幻、想法虛幻，都是虛幻不真實的，那麼，我執是什麼？那麼，什麼是我們的本來面目？

所以我們要把觀念放鬆放下，放棄任何用力的東西，在禪修的時候放鬆你用力的地方，任何的地方都不用力。當我們執著的時候就叫意識的聚集，它就會停在意識聚集的地方，如何超脫我執的深牢堅固，就是要反觀自照，反觀到我們本來面目是什麼。

行禪牧牛

行禪的時候你要覺知腳提起來，上——下、上——下，每一個動作都要清楚的覺知。如果不要模糊，就是要覺知出息——入息，出息——入息，慢慢的再去延伸到本來面目的靜慮思考。

聞思修啊，本來面目事實上我們從來沒有離開過，不管投胎在驢身、馬身、牛身或人身，在任何一個小動物身上，都不會離開我們的本來面目。為什麼我們還會成為馬身？牛身這些各種六道輪迴的動物呢？因為我們不識本來面目，所以我們才會輪到牛胎、馬胎、豬胎，四生九有的變化。所以我們要認識本來面目。

到底我們有幾個本來面目？沒有幾個嘛，也沒有很多樣子

嘛，為什麼我們這麼難找？只要你把你那個作用心停息下來，「歇即得」！只要心一歇，就立即整體現前，不假造作。歇即菩提，呈現出圓圓滿滿。心像一個透明無形的燈罩子罩到，這個無形的罩子就是無頭無尾、無長無短，沒有任何的顏色，就是一個套子套著，已經套在那邊，所以說很難去理解這種東西，一定要在禪修當中慢慢去發現。

禪宗牧牛圖中的十個次第：第一、找牛在哪裡，看到牛跡、牛腳印，慢慢看，看到牛，若隱若現，再看一看，然後可以摸到這個牛，然後到最後就可以把牠鼻子穿起來，最後可以騎在牠背上，牧童吹簫自在回家。就是這樣子，那無形的燈罩，我們的本來面目，又明又亮，但是無形無相。禪宗常常說「無念為宗、無住為本、無相為體，」所以我們要找這個體啊，本來是沒體啦，只是講了這麼講，這個體就是個無形的燈罩，罩著我們明亮的一顆心，你只要靜下來，那個光明就呈現了，一個無形明亮的燈就照下來了。

「狂心若歇，歇即菩提。」什麼叫做歇呢？就是不作意，你一作意就沒有時間去觀察它的那種若有若無、若即若離，當你看到的時候才可以保任，當保任的工夫夠了，才可以證悟。

第四天

分別見識　覺照見智

　　生理與心理都只是一種知見而已，都是因緣的變化，有見無見，都叫做見。見是什麼呢，見作用在「識」的時候，它就會變成意識流，見在「智」的時候，它就是覺照。

　　打坐的時候，身心會有「地、水、火、風、空、識」六大的作用。　識跟空結合的時候，就會變成明；　識跟差別結合的時候，就會成為各種雜亂現象，我們身體裡面的六大，唯一的內部就叫「見」。見有見識與見智，這兩個東西，所以我們，打坐不管怎麼坐，都是在做轉識成智的工作。不可能改變的就叫做智見，坐在那邊你只要看這個不變性的智，覺照這個不變性的空，不是說你還能夠玩出什麼開花結果的東西出來，只有這樣而已，所以我們打坐不要好奇或東玩西玩，玩半天你是白玩了。只有識跟空結合的時候，它是解脫的。

　　我們本身就是智、就是空，也就是所謂：明空。也不用去找什麼東西，你只要去任持明空，慢慢理解覺性空、自性空、佛性的妙覺妙空，從這裡面慢慢去看什麼是永恆不變。千萬別妄想會「雞抱蛋」一樣會孵出小雞來。只要回到本來，安住在本來，這就是諸佛共同住的地方。

　　這是從語言文字去瞭解，大部份的人都在這裡比較多，要從文字般若中能夠起觀照，由明去觀照空，這就是走到第二步了，第二步只要走對了，第三步就到了，那就叫做實相般若。只要空與明一結合的話，它就是本體。我們具有地水火風空識

六大元素，也是整個宇宙虛空的組合體。

我們每個人都是透明的人，因為你就是明、就是空，所以說你就是透明的人。這個透明的人是沒有什麼生死，也沒有什麼災禍疾病。都是因為見起思，思起惑，對種種的心識的變化不瞭解，就迷惑在心識的變化裡。還有，惑在哪裡呢？惑在種種因緣的變化裡，叫做塵沙惑。見思是屬於我們思路方面，塵沙是屬於因緣方面的迷惑。我們在打坐的時候，就是把這見思的惑照得通透，使我們可以了達；如何去除塵沙惑呢？塵沙就是華嚴的變化與顯現，如果你能夠看到一切的塵沙都是智慧華嚴的話，你就沒有惑了，如果你看到這些塵沙的因緣，並沒有看到它們都是佛的種子的變化，當然就會起惑造業。一切的變化都是諸佛智慧的變化，一切的因緣都叫做佛的種子，一花一世界，一粟一如來。現在做的叫做斷見思惑。

我們這個「智見」，不管你是閉著眼睛也是見，打開眼睛也是見，你不見還是見，你要見還是見，所以這個見呢，恆古到今就是我們不變的東西，如何讓這個見呢，變成智，如何讓這個見呢，不起煩惱，能夠在真理上，能夠在真如上，能夠在真實上，而不是在虛妄上。這就是佛指導我們的地方，祖師們以心傳心，以心印心，傳哪些東西呢？「正法眼藏，涅槃妙心。」體證恆古不昧的一個見，這個就是諸佛祖師點醒我們的，叫做以心傳心，以心印心。傳就是啟發的時候，印就是自己要去證明。如何證悟這個心啊？必須要透過悟才有證，悟就是明，什麼道理講得天花亂墜，但是只有一個不變，就是叫此心不變，一切都在變，只有此心不變。

我們經常就是找不到心，因為心就像閃光，我們的心閃

閃爍爍，沒有辦法固定讓我們看清楚，所以我們必須去觀照這個覺知，觀久了，它那個閃爍性就愈來愈少，這個心就會穩，然後你慢慢看得清楚，就會知道怎麼樣去安心，所以沒有禪修這個心就是幻識，幻識是搖動不穩的，閃爍不定的。我們一定要從禪修中觀照專一去把心搞定，產生定見，定慧。 定是體，慧是光，盡虛空界遍法界恆明不滅。

這心呢，就像猴子一樣，就很難定下來，所以一定要把它框起來，框了以後它就沉澱，沉澱以後，它就慢慢顯現，它就像水能夠照明，顯現萬有，心唯有空才能夠鎖定它，要不然的話它就是到處亂跑，禪修就是契入空性。

第五天

接心

什麼是我們父母未生前的本來面目？是要達到參悟的效果，而不是一直念一直念到……，所以就加了一句：「本明原始無造作，遠離邊際光明作供養」， 這個是我們的本地風光。本明原始無造作，離邊際光明作供養，這個就是我們找尋本地風光的思索，也是一個可以參悟的東西、明白的東西。

當這個本明原始無造作，離邊際光明作供養這個東西模糊掉的時候，就又要回到什麼是我們的本來面目。父母未生前，什麼是我們的本來面目？ 或者什麼是我們的本來面目。因為一旦生起這種疑，就會參，參就是會專注，我們的心地光明，不管怎麼樣都是一致的，不管參什麼，它都是那個樣子，只是專注力的問題。不管怎麼參，它還是那個光明，不參還是那個

光明，不管你做什麼它就是那個光明，所以就是叫做任持。

怎麼去任持心性的光明？心是光明，性是空性，明心見性就是明白心是明、性是空。心明性空，它們之間其實是一個東西，但是，性空是本體，心明是它的作用， 往往我們是看到心的作用，心的光明，沒有看到性空的部份； 看到性空的部份，卻又常常在心的作意上，然後又看不見心的本質是光明的本質。所以我們要心又明，性又空，不即不離。

什麼是我們的未生前的本來面目？

今天已經七號，時間過得真快，還有兩天大家又要開始工作，工作的時候我們的心光它是不會變的，還是那個樣子。現在我們的心光比較專一，比較靜，可是這個佛性它不是靜也不是動，它是永恆性，所以動中要看到不動，靜中要看到一切變化的不動性。

現在，我們還是作明心見性的工作： 父母未生前，哪一個是我們的本來面目？沒有生以前沒有造形，那我們的本來面目是什麼？父母未生前，沒有造形，所以叫無形無相，無頭無尾，不是圓的不是方的，不是青的不是白的不是黃的。

禪修的時候有很多的就是可以去明白的，平常工作忙碌，心念不集中，要思考一個東西，常常會中斷，所以很不容易去明心見性。在禪修的時候，比較敏銳，可以連貫性地去思考，這就叫做接心。 把心接起來，就是細細分析心識的變化， 百法唯識或七十五法唯識都是從禪修裡面微妙觀察所分辨出來，分析出心的變化，參禪就是不斷解剖直到最後就是空性。

心是什麼呢？心是空明。可是這句話只是一個知識，知識怎樣變成是實相呢？那就是要透過禪修。這次禪修有默照禪

也有祖師禪，所謂的默照就是默默地觀照本來的這種面目，就是靜靜地觀照你的心性，只要你放鬆，靜下來，只要你不要有任何執持的時候，本來面目就現前了。我們就默默觀照這個現前的東西，當下，現前，只要我們一有執持，它就立刻不現前了，所以放鬆、放下，歇即菩提。好比開關可以讓燈光變大變小，開大一點它就變很亮。我們在禪修的時候，如果執持重，就亮不起來，如果執持愈沒有的時候，那燈就愈明愈亮，所以這個執就是容易將我們的本來面目鎖死，要放鬆放下，歇即菩提，一歇下來，整個呈現就是我們本來面目，不管有沒有身心，那就是本來面目！

聖智本來成佛道　寂光非照自圓成

父母未生前，我們的本來面目是什麼？ 什麼是我們的本來面目？越參越明，越參越能夠無相。本來面目是無相的，這一句話裡面就俱足了明與空。

什麼是我們的本來面目，得力的時候就一直參下去，就一直專注，一直安住，不得力的時候就再提起話頭。 只是念話頭是沒辦法產生更深更明更空的境界，所以我們觀照覺知的時候，就要清清楚楚明明白白，觀不起來的時候就從覺知呼吸去做，去把那個覺知看清楚。

那些從參的話頭當中有所成就的人，他們參到最後都是不眠、不休、不食，因為他們也不覺得，到最後，一個觸機，就有所契入、明心見性。

禪修，就是降服這個心，達摩四行觀就是用來降服我們的心，第一、報冤行，報冤就是什麼事情都是有其前因後果的，

　　既然是有前因後果我們就不要抱怨。比如今天我們得到善的因緣果報是前世造的；得到惡的果報也前世造的，不會生起抱怨的心，把心平復下來，今天該是你得的是前世的因，不該得的也是前世的因，　看清楚前因後果，遇到任何事情都能隨緣。報冤就是逢苦不憂，逢樂不喜，因為是過去生造的業就還債而已，也就是說我們就以前沒有修行好，總是造了一些恩怨的事情，那麼今生碰到了，善惡業成熟了，就要甘心忍受。這追究起來就是說我們還是要識心達本，才可以究竟解決這種果報的問題。

　　第二、隨緣行，就是一切都是緣生緣滅，好的來了它會過去，壞的來了也會消失，所以好的來了有什麼好高興的？很快又跑掉了；　壞的來了有什麼不高興的？　很快又失掉了，所以這個心沒有增、沒有減，這就是隨緣心。

　　第三、無所求行，任何所求都是不可得，幻生幻滅。有求必苦，無求乃樂，有求就產生了欲望，慾望貪愛求不得的時候就苦。無所求就能夠知足常樂，安心在道業上，這樣子魔障就會比較少，好好壞壞總是不斷在起落發生，這是因緣果報，無所求的時候，不管好好壞壞我們都能夠安心辦道。

　　第四、稱法行，就是說一切法都是不可得，不增不減，不垢不淨，一切都是從我們的覺性、自性去看。稱法行是用法理把我們的心降服，報冤、隨緣、無所求是從善惡報的角度去看，降服我們的心。

　　稱法行就是一切都是無常的，一切都是緣生緣滅的，所以我們不要有所依附，依賴什麼最後都會苦，所以要依法，依因果的法，依空性之法我們才能夠離苦。了知因果之法，我

們就知道任何事情都不是偶然的，我們才能無怨無悔，明白空性之法，我們才能夠真正去解脫這些有形有相的善緣、惡緣等罣礙，這一切相都是了不可得，都是虛妄的，終究還是要無所得。

所以從理念上去看，本來無生、本來無滅的本地風光，只要做到一些觀念上的轉化，這就是「明暗兩忘開佛眼」。明暗兩忘，就是中觀，「不繫一法出蓮蓬」就是不取捨現象之所求所得，就是我們的心不去繫束在任何的一個得失上，有相無相上，我們就可以出離一切束縛。

「真空不壞靈自性」，一切皆空，可是我們的靈性呢是不空不壞的，這就是我們本來面目。「妙用常存無作功」，我們的本來面目最大的好處呢，就是無作功，我們的自性本來是無作，沒有任何的造意做作，因為無相的關係，怎麼去做呢？怎麼去起變化呢無相的關係，它是不去起任何的變化，所以常存無作功。要常常在這種無作上，下工夫，無作用上下工夫，我們本地風光、本來面目，它就是無作，比如說我們在修觀的時候，它就是無作功，有作，我們的明就不見了，所以無作它就會呈現。心念無作，心念休歇，一切都淡化它，我們的修觀就比較明朗清楚。

「聖智本來成佛道」，本來我們就是成就的。「寂光非照自圓成」，我們本來面目是本來圓成、不假任何修證，只因為我們無法任持所以不明。寂光它本來就清清楚楚的遍照在那裡，本來就在遍照，如果我們有一個照，那當然是頭上安頭。但是，如果我們不迴光去看一看也不曉得它有沒有在照，所以我們還是照一照，知道它是不照而照，寂光非照自圓成。

　　我們的心就是光明，它無照而照，它本來就在明、就在空，無照而照、無修而修，無證而證，它本來就在這裡。因為我們沒有看過、也沒有體會，所以我們就是要找本來面目。什麼是我們的本來面目？聖智本來成佛道，寂光非照自圓成，我們本來面目就是這樣子，一切空有、明暗、好壞都要能夠捨。明暗兩忘開佛眼，所謂忘就是平等心，就是空有不二，也就是中觀，中觀就是心性，不在有、不在無，也可以在有、也可以在無，所以叫做明暗兩妄開佛眼，所謂的佛眼就是智照之眼，就是智慧遍照的大日如來。

　　什麼是我們的本來面目？這句話，常常提繫思惟，慢慢就更能夠抓住我們的中心思想。

只有放下　　亙古不昧

　　本自具足的本地風光，從不迷失過，當我們沒有覺悟的時候就是迷失，本來一切都是圓滿光燦，恆古不昧，我們卻沉沒在這種妄相執著裡面，輪迴三界四生九有裡面。恆古不昧啊，不管在哪裡都不會昧掉，沉輪在這個妄相執著，輪迴三界裡面，四生九有裡面，它還是不昧，只是說我們沒有辦法了知。雖然眾生種子各異但佛種一樣。

　　大家要將妄念雜質、思想垢染都把它淨空、淨明，讓心光無雜質，不在生滅的泡沫中，只有放下，才能淨明覺知。你只要常常注意力不離開這個身體，那你就會知道，這個覺光就在那邊，只要一直跟這個身體在一起，慢慢從身體注意到這個覺光，那覺光呢它就在，覺光是遍滿的，如果我們還是搞不太清楚，就是一直觀照這個本來具足，本地風光。本有沒有失去

過、迷失過，如果不是這樣去看的話，我們常常就會糊在那裡，迷失掉。一切都是圓滿光燦，我們的覺光恆古不昧，雖然沉沒在這種妄相執著輪迴三界四生九有裡面，種子各異，佛性不滅。當我們在觀照這個覺知的時候，它就會淨空、淨明，讓心光無雜質。大家不要常常流失在生滅的泡沫中，只有時刻放下，才能夠淨明，才能夠把那淨明的覺知啊，呈現！

第六天

誰在觀照？誰在現形？

　　大家能夠聽聞修持這殊勝的法，真的是難能可貴的，所以大家不要去懷疑，應該是真心勤勞去做，總是會讓大家獲得殊勝的成果，如果懷疑來懷疑去，揣測來揣測去，那麼可能這一生裡面都沒有辦法再碰到這種，認識本來面目的直指教法。雖然是不像祖師爺那樣講，可是，我們更清楚的指示大家，只要你好好地去觀照本有的覺性，本地風光，心地風光，大家絕對會有很好的，很大的覺受。

　　到底本地風光是什麼？你們現在好好的看著自己，好好的看著自己，你能夠清清楚楚的看著自己，所看的自己又不是自己，所以這個就是本地風光的一個顯示！你的覺光常常不離開自己的本覺本智，也就是本來的光明，你能夠覺照自己的本來光明，無形無相，無頭無尾，但又是那麼靈靈光光的，清清楚楚的！

　　你們要花時間跟它相處、跟它接近、跟它有很好的默契，那你就會修證了。這是不困難的事情，這就是要靠每個人的福

氣，如果過去生的因緣不具足，多好的東西送給你，也不會去感受到什麼珍貴性。

明天就圓滿了，我們是不是對心性、本來面目有一個譜了？或者是譜在哪裡也不太清楚，不過總是可以知道如何去譜。

「本明原始無造作，遠離邊際光明作供養。」這個就是我們要去體會的，「父母未生前，什麼是本來面目？」不管怎麼看，還是那個本來面目！是哪一個本來面目？那個本來面目不管怎麼化粧，怎麼造形，可是它還是那個樣子，不失原本的光明，燦爛，明朗，寬闊，無邊無際。

我們的吉祥獸就是鹿，每天都會來慶祝大家禪修！

清楚的觀照我們的覺知，不要有任何的造作，觀照就是看著它而已，清楚的看著我們的覺知，不要太在意它的存在，也不要太在意它的不存在

月當空就是什麼都沒有只有月亮，大家知道嗎：你們的心月也是浩月當空，沒有一絲一點的雲霧垢染，佛光遍照，晴空萬里！

誰在觀照？誰在現形？

你真的看不到什麼本來面目，那就看看自己！

誰在打坐？

這個傢伙怎麼會坐在這裡幹嘛？誰在打坐呢？

我們的身體像機械一樣，誰在指揮它？指揮的人是誰呢？

你有沒有看那個不打坐的人，有長眼睛嗎？有長鼻子嗎？有長耳朵嗎？有長這個六根，有色香味觸法嗎？這個不打坐的

人因為他沒有形體，所以他不曉得怎麼會坐呢？到底坐的人是誰？誰在打坐？大家拼老命坐，結果那個不坐的人在那邊閒死了，好閒喔，你坐得忙死了，有一個不打坐的那個傢伙，到底他是誰呢？打坐的人是誰？

什麼是我們的本來面目？

等一下放香，不打坐的人有沒有放香？啊？我們都放香，不打坐的人就不放香、就坐在那邊！

圓照清淨覺性

我們的心性是明？是空嗎？是無相嗎?我們要很實際的將自己學來的佛法，用在現在的當下。

什麼是佛的法呢，就是覺悟之法，覺悟自他不二之法。

要離苦得樂就是要去除一切的惑業。 我們迷執的東西是什麼？在這個時間空間上，我們彼此創造了很多貪瞋癡慢疑的糾葛，所以我們不曉得什麼時候創造了什麼樣的迷，這就是我們生命的業，是由貪瞋癡所釀造出來的，所以我們只能從明心見性、來解決這種糾纏，交煎的生命。我們今天坐在這裡，就是要徹徹底底的解決我們的無明煩惱、業惑糾纏。唯有開悟一途、證得本來面目，才能不受輪迴之苦。所以我們的本來面目是什麼？ 唯有當下觀照我們本自具足的空性跟明覺， 才能了知其實我們從沒有輪迴過，我們的本來面目，一直就在那裡明朗著，空寂著。只是我們沒有去任持這份的本有，所以需要去觀照，觀照本有，觀照本來，回到原點，那就是本來面目。什麼是我們的本來面目：不會生滅的，沒有任何的幻化的，就是明覺與空性。 如何去觀照明覺，如何去觀照本有的空性？ 怎

麼契入？ 就是觀，就是照，那就是明，那就是空性！

圓照清淨覺性，圓照清淨覺知！

本明、本空、本虛、本寂！

我們的心它就是本明、本虛，所以我們在觀察自己的心的時候，一定要看：是不是本明，是不是本空，是不是本虛，要有功夫你才會看到這份的明與空，如果不是慢慢看，自己對自己沒有信心，也沒有辦法去產生明空。本明本空搞不清楚，還是在想像的空間裡面。到底自己的心是什麼？我們常常圓照自己的清淨覺性，從這裡去覺察自己心的本質，本來這個我到底是誰呢？誰是我呢？

肉體的我死了就沒有了，到底我是誰呢？是不是有個真我？要細心的去觀察這份的本明、本空、本虛。

未生我前我是誰？生我之後我又是誰？

本明、本空、本虛、本寂！

打坐真的是不要有牽掛，放下！放下！放下！再放下！就會得到修行上很好的相應。

第七天

供養：釋放與呈現

入關的時候我們都非常散亂，禪修期間用方法去調息、調身，慢慢進入微細的觀照，進入微細以後呢，出關了，我們又要碰撞粗的事物，所以就容易不順。所以，大家出關以後，開始做事，會變成煩躁，急躁，我們必須要做鬆弛的工作，否則

久了會變成病，以後坐禪就沒有耐性，會一直煩躁。

你們斷食可能容易，復食就難啦，所以我們出關首先就是觀想我們的百脈都放鬆放光，鬆弛通暢！

這次教大家就是教這個本來面目，就是明與空的學習。所謂明就是不惑，所謂空就是無執的意思，所以我們的本來面目就是不惑無執，無執不惑。我們一直要觀照明與空的呈現，就是遠離邊際光明作供養。

供養就是呈現的意思；明空就是本明原始無造作，它是一個沒有任何有形可造作的，遠離邊際；邊際就是設限，釋放一切的設限，這樣的呈現就是作供養。無際無邊的釋放、供養、呈現。明就是不惑，空就是無執，這兩個是我們在坐禪的時候要去覺觀，去看到我們的明跟空的本質。比如說我們在坐禪的時候就是持明，不管你怎麼坐，反正就在做那個持與明。持明知道嗎？不管你怎麼修都叫持明而已，再也沒有什麼變化啦，不管你怎麼觀，它就是一個持明而已。所以你們修了半天很辛苦，一直要去抓，事實上抓不抓都在那裡，這就是明、抓不到就是空嘛，就是無執啦！這次教大家就是叫做如何知道持明，知道去找這個訊息。

實在是很簡單，就是一個惑業沒有辦法，明明你就是，不管死也好、活也好，那個持明是不會變的，不會跑掉的，也不用修它，就在那裡，可是你就拼命煩啊，怕失去什麼，因為你怕失去的什麼就沒有辦法去沉澱，觀就出不來。觀能出來，明就出來了，沉澱不夠的話，明怎麼出得來啊。

我們的本來面目就持明的，它就是無執的空性，它就是不惑的，如果你有惑的話你就是被擋住了，它不是明的。空無

執，明不惑，我們今天修什麼？就在那裡嘛，還有什麼好緊張
的？搞了半天哪一個法可以套得住那個透明的水晶人呢？

　　死是意識的轉換，如果回到本來面目，死後在哪裡有什麼
關係呢，你要從這裡下工夫！心沒有沉下來，我們的每個念頭
就會浮起來，不斷浮起來，就把空明的本質搞糊掉！有耐性的
看這個坐的人，然後你慢慢就沉澱下來了，怎麼會不知道什麼
叫明、什麼叫空呢？我們本來面目就叫明空。蓮花生大士講的

空明朗淨，我們本來面目就是這個東西，不是比喻。

　　希望大家這一趟禪修是一個緣起，緣起成佛，蓮花生大士說一切諸佛就都是明空朗淨，除此之外沒有什麼。那我們什麼不明啊？如果不明，就不是人，可能是石頭。小螞蟻，小動物，　胎卵化濕各種生命，沒有一個地方不明。任何小小微細生命，它跟我們這麼大的生命體是一樣的，它也怕死，它也喜歡吃，我們擁有的一切它都擁有了，看不到的一點點小蟲，它都具足了我們所擁有的那個明。

　　明為什麼可以存在呢？因為它是空的關係，所以它可以存在一切處；因為明是空的關係，所以可以遍照十方法界。明不只是在你的身體，不要把自己關起來的，它並不只是在這裡，這個身體只能說它只是一個工具而已，如何不要這個工具而要那個本明？這個就是非修不可，不修還不行！修不是去創造什麼，是修回本來，無執，明空。明空到底在哪裡，就是抓不到，因為它太自然了，所以我們沒有辦法去抓它。

　　我們因為意識的混濁，沒有辦法呈現明空的本來面目，所以要做一個過濾器，禪修就叫過濾器，把妄念這些混濁粗獷的心，過濾清淨，然後你就可以慢慢掌握，生死就自由了。

・語錄篇補記

　　如果不斷的想開出一朵最完美的花，可能還沒開就已經含苞而枯了。曾經聽　師父教導如是：「萬物皆有靈，山川草木，紅花綠葉，皆是和諧而在。只要顯現，就是如來智慧；只要開放，就是美。」

　　雖然　師父說法三十餘年，語錄結集非常多，但是，經過系統論述整理者尚屬稀有；一來因　師父隨機教授皆直觀緣起，應緣而教，弟子均實質受用而融入自心，難以用言語表達當下情境。再者，如《法華經》所說：唯佛與佛方能相互印證；如此又有誰能說清楚　師父的般若智、華嚴行呢？然而，凡是正知正見，亙古恆明，無須包裝，法，依舊是法。　師父的語錄教化，廿五年前不減、廿五年後不增。何需強作結構或分別？是故《靈鷲山誌——宗統法脈卷》中，〈語錄篇〉編者大膽地節錄三類（在家眾、大眾僧及僧委）近年禪七閉關開示，為　師父語錄之代表，願為有心向道學佛者，提供一條明路、點燃一盞明燈。但是，特別要強調戒、定、慧是相依相存、相互醒覺，非偏一而可成。

　　因此本卷所擷取之　師父智慧語錄，也只能說千江之水只取一瓢，祈為芸芸眾生提供法水止其渴望。靈鷲山開山廿五年來，　師父的戒香、定香及慧香，無處不散放——以「戒」引導弟子規範菩提心、以「定」引導弟子止明觀無為、以「慧」引導弟子解析一切成遍智。在　師父諸般教化行儀中，戒定慧的解脫之香，完全流露在他與眾生的生活世界裡，尤其是在禪七閉關的語錄開示中。

　　此篇語錄除了禪七開示之外，編者也在篇後稍加精錄師父對戒、定、慧三學的指引，緣於篇幅，以下僅作　師父語錄之重點節錄：

依「戒、定、慧」三學，成就解脫之道

　　佛法是覺悟的法，覺悟的法是靈性的法，它需要用「戒、定、慧」去體會。戒，是具足學習靈性之法的條件；定，能夠沉靜、安定自己的心，而能理解靈性；慧，是觀照、理解，能夠透徹的看清楚，而領悟到靈性。所以，「戒、定、慧」是讓我們能夠徹徹底底的與靈性接觸的媒介。

　　學佛，正是學習讓你的想法能杜絕對一切現象的思惟與分別；我們在「戒、定、慧」裡一直都在做這個事情，如果你的「戒、定、慧」不是從這個方面去思惟明辨，那麼你所學的法就不是佛法。

　　修行是一個處理我們的思想、生活的方法，讓我們到達不生不滅的生命境界。所以在佛教中並不是以神秘的方式修行，反之，在追尋真理的過程中，我們對於物質與精神界的一切實相，必須不斷追根究底。

　　由「戒」行攝身為基礎，使自己不去觸犯粗重的煩惱；「定」就像一面顯微鏡，透過它讓我們更細膩的覺察自己的迷惑；加上「慧」的分析觀察與對真理的深思、直觀，為我們解剖心、物一切的方法，讓世界、一切的真相，真實的呈現在我們面前，進而徹底解脫。

　　隔離了殺、盜、淫、妄、酒，生活裡就會清淨，若不隔離，生活就不安定，沒有一個空間讓你休息、安靜。「戒」就是讓我們在這個世間修行的很好的條件，它是生活的原則與道德，有了這種原則與道德，就會安定。「定」是在生活裡不生氣、能忍，能寬容、行慈悲，調伏自心。「慧」，是因為心調

醒悟板

伏下來之後，能夠深入思惟更細膩的佛法，通達無礙，變成智慧。智慧就是「明」道理，像太陽一樣，照下來就很清楚，不再有疑惑。

戒、定、慧三學中，「定」是骨幹，具有協調性，是穩定「戒」跟「慧」的基礎。如果「定」不夠，「戒」就守得呆板，「慧」也不能發揮力量。

戒為規範菩提心

佛教徒所遵循的，是依照一位開悟的老師——佛陀——給我們的教導，真實地去觀察、體驗與實踐。從佛教基本三學——「戒、定、慧」的修行，到日常生活中的菩薩道，強調的都是思惟與實踐，這樣的信仰，才是理性的信仰。理性的信仰是因為它經過個人的分析與求證，而最終則是看清楚一切現象的幻化不實、捨棄執著，過著平實而自在的生活，這也是佛教所說的究竟解脫。

守戒的目的是讓我們能夠攝心，去除一切貪執與愚癡的習氣。發願成佛，就必須從「戒」的規範做起，慢慢地發起無上的菩提心。從「戒」裡，我們能過輕鬆、清淨的生活。無上菩提心從一個「善」字開始，而一切善即從戒的實踐做起。受戒是讓自己擁有一畝福田可以培育菩提苗，守戒的人內心清淨，清淨的人煩惱就少。「戒」能止惡行善，把惡的緣止掉，讓善的緣生起；讓清淨的法能升起，污染的法能淨除，能防護我們的心不散亂，種下成佛的善種子。

為什麼十方諸佛都是萬德莊嚴、具足三千威儀、八萬細行、八十種隨行好？原因就是從「戒」做起。守好「戒」是最

起碼的生活狀況；要成佛，有更多細行，都要謹慎與謙卑。「戒」就是整整齊齊的生命，生活、思想、言行、舉止，都非常有軌律，每一個生活細節都是在做利益眾生的工作，不論走路、穿衣、做一切事都在念咒，如果常常想到眾生，很多自私的想法都會轉成菩提心。

修行人最珍貴的就是覺醒、調心，讓自己的覺性能夠時刻地安住於平實、安住於不變。受戒，是自利利他的善緣的基礎，讓心安住於佛，安住於自在，止於一念，不念有無、得失。沒有戒法，我們不曉得什麼是身心居住的地方；有了戒法，身心就能安居。

生活的原則就是守「戒」。為了解脫，我們要學佛覺醒；為了快樂，所以行慈悲布施、發願奉獻。「生命服務生命，生命奉獻生命。」的意義就在於我們把蓮花的聖潔給別人，把覺醒的解脫給別人，把慈悲的種子給別人。

我們內心呈現的樣子，要像聖潔的蓮花、慈悲的種子、智慧的果實，遵行我們生活的原則，然後去奉獻、服務、布施，才能將佛法帶給別人。

「戒」是啟示我們覺悟生命的一個經驗依據，也是一種行為學。我們一天到晚講「空」，講了又不空，所以要把戒這個行為學拿出來逐步講。

戒就是一個菩提心的轉換工作，我們要從這個地方去引導大家學習。當戒幫助你攝心的時候，就能得定；能夠得定，就能生智慧了。

醒悟板

般若——觀照的透視學

　　師父常以般若行教導我們一切處解脫法門，在般若實相的體證上，顯現一切自在、慈悲與願力，因為般若智慧的體證才有成佛的可能。以下只節錄一段　師父般若行法，企盼將來能有弟子再續法緣。

般若通達一切法　　一切法中是般若
　　　　　　　　——心道師父般若偈

　　我們常說般若，「般若」究竟是什麼呢？簡單的說，「般若」是一種看得遠、放得下的智慧。般若是大小乘一貫的思想，也是所有佛法的基礎。離開般若就不是佛法；離開了般若，不管是哪一乘都不是佛法。

　　有了般若的智慧就能徹底看清事物「空性」的本質，最後到達解脫的彼岸。要到達解脫的彼岸，必須透過「觀照」，透過觀照將宇宙人生的真相徹底地瞭解、看透。當通達無礙、執著盡皆脫落時，就能達到《心經》所說的般若波羅密多——智慧的彼岸。

　　所謂看透的「透」，就是要探察、分析、研究。佛法不是盲信，要能了解透徹才有辦法放得下，也才能建立信心，然後身體力行去實踐，就是佛法所謂的「信、解、行、證」。

　　什麼是「觀照」？生活中的任何一法都可以成為我們「觀照」的對象，數息呼吸也是觀照，觀心也是觀照，沒有一法不能成為修法的對象。《金剛經》說：「一切有為法，如夢幻泡影，如露亦如電，應作如是觀。」這是很深的般若法門。一切

有造作、有變化、有所為法，都是我們入手觀察的對象。有為法都是隨因緣變化，剛開始我們學習「如幻空觀」，漸次地我們安住在心性，最終的境界是達到「實相觀」。一開始的基礎是從「止」開始學起，把心止在一個地方，這是最基本的要素。止是心不散亂，觀是看得清清楚楚、明明白白，從止到觀，次第而進，讓心性的光明透顯出來，可以說觀照的修習是般若的心性之法。我常說我的法叫做般若，般若是一種透視學，任何的事物、對象，經由觀照而能透視，再由透視而到達空性。所以我們要用般若的觀照法，到達心性的彼岸——空性。空性的所在，就是我們的淨土，就是極樂世界的所在。

華嚴世界　眾生皆佛

「大悲周遍，緣起成佛。」是　師父體悟般若智慧後，悲憫眾生苦，生起無盡悲心，以菩提心苗，播在眾生心田，成就正覺。緣此，圓融無礙之華嚴聖境，成為願力所是。

花開遍地是華種　　一切華種是華嚴
——心道師父華嚴偈

差別世界裡面，萬法共生共存，但也相生相剋，而終究還是彼此互動、關係融洽、共生和諧。因此，世界是「因為不同而存在，因為同而和諧。」所謂華嚴精神，即是一切都是生命共同體，全部是靈性所成的生命共同體，雖然呈現不同的智慧和差別，終歸還是合一的。

靈鷲山要推動的正是華嚴淨土，就是「人人都是佛，早晚

都是佛，」這個佛國淨土就是華嚴淨土。華嚴淨土就是不分宗
教、不分種族、不分你我，整個都是智慧，就像千葉蓮花，每
個人都是千萬葉蓮花裡面的一朵蓮、一片葉，整個世界就是佛
的世界，每個人都是朵小蓮花，合起來變成一個佛世界，華嚴
世界裡一切眾生都是佛。

靈鷲山做的任何一件事情，都是為了大眾的利益。「華嚴
聖山」真正要蓋的不是廟，而是「心靈聖山」，蓋出生命的真
正意義。世界宗教博物館所做的就是要展現華嚴世界，展現各
宗教的共存、互榮，進一步把這份愛心接合起來，推動愛心的
工作，這是華嚴的目的。了解一切眾生都是共同體，透過宗教
的經驗和智慧，把愛心提升，無論是神愛世人或是佛度眾生，
都是為了眾生而出現世間，最後回到本來的心性。各宗教有很
多共通之處，世界宗教博物館做的是相互圓融與理解，最後達
到各宗教皆能以它習慣的方式去實踐救度眾生的愛心。

以三乘佛法來說，我們用「阿含」守戒與修行為基礎；再
進入「般若」智慧的引導，將思想訓練到圓熟；便發願以「法
華」菩薩道，授記成佛、廣度眾生；從自利到利他，自覺到覺
他，最後實踐「生命服務生命，生命奉獻生命。」的「華嚴」
精神，到達無處不是華嚴世界，讓理與事、事與事的無礙來做
整體性的生命奉獻工作，實現華嚴淨土的目標。這是「從本地
風光到華嚴世界」的落實，也是華嚴「信、解、行、證」當下
圓滿的呈現。

謹節錄　師父之智慧精華法教，祈望日後能有更多機緣，
　將　師父開啟方便、呈顯實相的法教深廣結集，利樂有情。

國家圖書館出版品預行編目資料

靈鷲山誌. 宗統法脈卷 / 靈鷲山佛教教團三
乘研究中心等編輯.――初版.――

臺北縣永和市：靈鷲山般若出版，2008.08
面； 公分

ISBN 978-986-84129-7-2（精裝）

1.靈鷲山佛教教團 2.佛教團體 3.佛教教化法

220.6   97011185

靈・鷲・山・誌
宗統法脈卷

總 監 修　　釋心道
總 策 劃　　釋了意
編　　審　　靈鷲山三乘研究中心

顧　　問　　周本驥、顏素慧
主　　編　　釋了意、游玫琦
執 行 編 輯　　陳俊宏、莊雅婷
封 面 設 計　　王鳳梅
美 術 設 計　　王鳳梅、林書毓
圖 畫 提 供　　大華居士
圖 片 提 供　　靈鷲山攝影組義工

發 行 者　　財團法人靈鷲山般若文教基金會
發 行 人　　歐陽慕親
出 版 者　　財團法人靈鷲山般若文教基金會附設出版社
網　　址　　www.093.org.tw
法 律 顧 問　　永然聯合法律事務所

地　　址　　23444台北縣永和市保生路2號17樓
電　　話　　（02）2232-1008
傳　　真　　（02）2232-1010

總 經 銷　　成信文化事業股份有限公司
地　　址　　23148台北縣新店市中正路四維巷二弄2號4樓
電　　話　　（02）2219-2080
傳　　真　　（02）2219-2180

劃 撥 帳 戶　　財團法人靈鷲山般若文教基金會附設出版社
劃 撥 帳 號　　18887793
初 版 一 刷　　2008年8月
定　　價　　700元
Ｉ Ｓ Ｂ Ｎ　　978-986-84129-7-2（精裝）